子どもに読んで伝えたい！

おうちではじめる
プログラミング授業

阿部 崇・平 初 [著]

本書内容に関するお問い合わせについて

　このたびは翔泳社の書籍をお買い上げいただき、誠にありがとうございます。弊社では、読者の皆様からのお問い合わせに適切に対応させていただくため、以下のガイドラインへのご協力をお願い致しております。下記項目をお読みいただき、手順に従ってお問い合わせください。

●ご質問される前に

　弊社Webサイトの「正誤表」をご参照ください。これまでに判明した正誤や追加情報を掲載しています。

　　正誤表　http://www.shoeisha.co.jp/book/errata/

●ご質問方法

　弊社Webサイトの「刊行物Q&A」をご利用ください。

　　刊行物Q&A　http://www.shoeisha.co.jp/book/qa/

　インターネットをご利用でない場合は、FAXまたは郵便にて、下記"翔泳社 愛読者サービスセンター"までお問い合わせください。
　電話でのご質問は、お受けしておりません。

●回答について

　回答は、ご質問いただいた手段によってご返事申し上げます。ご質問の内容によっては、回答に数日ないしはそれ以上の期間を要する場合があります。

●ご質問に際してのご注意

　本書の対象を越えるもの、記述個所を特定されないもの、また読者固有の環境に起因するご質問等にはお答えできませんので、予めご了承ください。

●郵便物送付先およびFAX番号

　　送付先住所　〒160-0006　東京都新宿区舟町5
　　FAX番号　　03-5362-3818
　　宛先　　　　（株）翔泳社 愛読者サービスセンター

※本書に記載されたURL等は予告なく変更される場合があります。
※本書の出版にあたっては正確な記述につとめましたが、著者や出版社などのいずれも、本書の内容に対してなんらかの保証をするものではなく、内容やサンプルに基づくいかなる運用結果に関してもいっさいの責任を負いません。
※本書に掲載されているサンプルプログラムやスクリプト、および実行結果を記した画面イメージなどは、特定の設定に基づいた環境にて再現される一例です。

※本書に記載されている会社名、製品名はそれぞれ各社の商標および登録商標です。
※本書に掲載されている写真・図の一部は、©stock.fotoの正規の許諾を受けて利用しております。

はじめに

本書は2020年度から必修化されるプログラミング教育について、今ある情報を検証し保護者にできることを考えた書籍です。プログラミング教育に関する情報をある程度キャッチアップし、プログラミング教育への心構えを十分にすることができます。したがって、プログラミング教育必修化について、不必要に不安を煽るつもりはありません。

また、本書は単にプログラミングを解説する書籍ではありません。学び手である子どもが、興味を持続できる方法を、実践を踏まえてご紹介します。プログラミング教育に悩まれている方々や、純粋に子どもにプログラミングを教えたい方々に向けた内容となっています。

プログラミング教育に悩まれている方々へ

本書を手に取ったあなたはきっと、プログラミング教育という課題が目の前に出現し悩まれているでしょう。著者の私たちもそんな境遇でした。

著者の2人は教育の専門家ではありませんが、自分の子どもを育てる最高責任者であり、IT業界では腕に自信がある専門家です。あらゆる手段を使い、手に入る情報を調査しました。まず言えることは「未来を担う子どもたちに向けた日本のICT教育の挑戦」が目の前にあるのです。そして、これはICT教育を実践する側の挑戦であり、子を持つ親の挑戦であるとお考えください。この挑戦には「親の理解」と「子どもの好奇心」の2点が重要となってきます。

まずは第1章から第4章まで順番にお読みいただくことをおすすめします。また、第7章の情報モラル教育の実践的な運用例の紹介は読み応えがあります。

純粋に子どもにプログラミングを教えたい方々へ

第1章から読んでいただいても、好きな章から読み始めていただいても構いません。

第4章、第5章は「こどもパソコン IchigoJam」を使ったプログラミング実践編です。こちらは主に幼稚園児・小学生を対象としています。実際に自分の子ども（当時5歳）と一緒にプログラミングと向き合った、実体験に基づく内容です。

また、もう少し大きなお子さまがいらっしゃる方々のために、第6章から中高校生向けのプログラミングの内容が書かれています。中学校からは機械の制御をプログラミングとともに学んでいくようになります。そこで小学校で体験したビジュアルプログラミングとロボットを組み合わせたロボットプログラミングを紹介します。

その上でテキストコーディングによるプログラミングを実践してみたいというお子さまには、どのようなプログラミング環境を準備してあげればよいのか、どのような学習方法があるのか、ご紹介していきます。これらの章は保護者の方も少しプログラミングを勉強しながら取り組むことで、親子で理解が深まります。また、子どもと話す話題が増えて家庭内の会話も増えるので、試す価値は大きいでしょう。

本書でプログラミング教育を知るだけでなく、子どもの新しい一面を発見したり、親子が向き合ったりするきっかけになれば幸いです。

平 初

目次

はじめに 3

第1章 どうしてプログラミング教育を小学校でやるの？ 7
   ——文科省の資料から読み解く実態

 1.1 プログラミング教育は「プログラミング言語の学習ではない」 8
 1.2 2020年から始まるプログラミング教育の概要 8
 1.3 プログラミング教育が生まれた背景 9
 1.4 プログラミング教育で養う「プログラミング的思考」とは 10
 1.5 プログラミング教育は、小学校課程の目的にかなっている 10
 1.6 結局は地域次第？ どのように小学校課程で教育するのか 11

第2章 保護者は何もしなくてよい？ 「プログラミング教育必修化」で変わること、変わらないこと 13

 2.1 押し付けるのではなく、興味を持ってもらうことを重要視する 14
 2.2 小学校の教育で重要な「興味をそがない」こと 14
 2.3 学びたい・知りたいという知的好奇心に対して、必要なものを提供する 16
 2.4 子どもがプログラミングに興味を持ったら？ 17
   適切な環境を準備する
 2.5 子どもと一緒に保護者も学んでいく姿勢が大事 20

第3章 プログラミングは意外と身近でシンプル！ 日常にあふれているプログラムを理解しよう 23

 3.1 プログラムってどんな仕組み？ 身近な家電で理解しよう 24
 3.2 ゲームや家電だけじゃない！ 「都市」を支えるプログラミングを知ろう 30

第4章 親子でプログラミングをやってみよう！ 子どもの好奇心をくすぐる進め方 35

 4.1 「論理的思考」より「子どもの好奇心」 36
   ——親子のプログラミング学習で心得ておきたいこと
 4.2 子ども向けパソコン「IchigoJam」どこで買う？ 39
   〜はじめてのプログラミングキット購入とセットアップ

第5章 お父さんが教えるプログラミング実践編 47

 5.1 IchigoJamを動かしてみよう 48
 5.2 IchigoJamでおにぎりを移動させてみよう 51
 5.3 IchigoJamで数をかぞえてみよう 54
 5.4 本体のボタンを押してみよう 58
 5.5 IchigoJamで音を鳴らしてみよう 62
 5.6 IchigoJamで簡単なゲームを作ってみよう 65

5.7 「子どもの好奇心」で無限に広がるプログラミング 72

第6章 子どもが「プログラミングをやりたい」と言い出したら？ 77
──中学校・高等学校でのプログラミング教育
6.1 中学校や高等学校では、どのようなプログラミング授業が実施される？ 78
6.2 中学生から始めるロボットプログラミング 79
6.3 プログラミング言語による本格的なプログラム開発に必要なものは？ 80
6.4 まずはお金をかけすぎずに挑戦するプログラミング 82

第7章 「情報モラル教育」は避けて通れない 85
──子どもたちとITの適切な関係性
7.1 IT教育において避けては通れない、情報モラル教育 86
7.2 道徳的な教育には、家族の関係性が重要 86
7.3 子どもたちがITを利用するにあたって、想定されるトラブルは？ 87
7.4 ネット被害・ネット詐欺など、悪質な犯罪から身を守るためには 88
7.5 SNSと上手に付き合っていくには 90

おわりに 93
参考文献 95

第 **1** 章

どうしてプログラミング教育を小学校でやるの？

——文科省の資料から読み解く実態

阿部 崇

2020年から始まる「プログラミング教育」は、多くの保護者の不安要素になっているのではないでしょうか。ITに疎遠だった保護者の方々は、何のために、何を教育しようと考えているのか不安でしょう。一方IT産業に関わっている保護者の中には、専門性のない教員に間違ったことを教えてほしくないと不安に感じている方もいらっしゃるでしょう。そもそも「プログラミング教育」はどのような背景から生まれ、何を目的としているのか、そして何を実施しようと考えているのか、まずこれらを理解しましょう。その上で、お子さまにどのように接し何を伝えていくべきか、そして保護者として何を学んでいくべきかを一緒に考えていきます。

1.1 プログラミング教育は「プログラミング言語の学習ではない」

　こんにちは、阿部崇です。娘を4人持ち、外資系IT産業でエンジニアをしています。2017年現在、とある区立中学校のPTA会長をしており、教員の方や教育委員会の方々と会話する機会が多くあります。そこでわかったことは、情報発信を行う教育機関は増えてきましたが、学校現場の状況や教育委員会、地域の町内会や、青少年育成委員会と協力して行う活動といったものが、あまり一般の方々には理解されていないのではなかろうかということです。忙しい保護者であれば、そもそも関わる機会は少ないでしょう。

　私がPTA会長になったことも1つの縁と考え、こういった状況の打破ができないか、よく言えば、保護者と教育現場をつなぐ架け橋になれればよいなと考えています。学校へのボランティアや、本書のような情報発信などを行うことで、お互いの理解が深まっていくことを期待しています。

　さて、本題に入りましょう。「プログラミング教育」と聞いて思い浮かべることは何でしょうか？ 英語と、およそ理解不能な数式の一群で書かれた、プログラミング言語を記述することを思い浮かべる方が多いのではないでしょうか。また、プログラミングの経験がある方であれば、「いくら記号とはいえ、まだ英語の単語をよくわかっていない状態で、プログラムを入力するのは早いのではないか」とも感じていらっしゃるのではないでしょうか。

　これらは「誤解」です。2020年から始まるプログラミング教育では、プログラミング言語を記述して、プログラムを動かすことはしません。大事なことなのでもう一度書きますが「プログラミング言語の学習ではありません」。では、文部科学省が進めようとしている「プログラミング教育」とは何かというと「プログラミング的思考などを育むこと」としています。

　これは、プログラミング言語を使ってプログラムを記述することとどう違うのか。そもそも、なぜ「プログラミング教育」を行うのかについて見ていきましょう。

1.2 2020年から始まるプログラミング教育の概要

　平成29年3月、文部科学省が、プログラミング教育を含んだ「小学校学習指導要領」を発表しました。そこには「児童がプログラミングを体験しながら、コンピュータに意図した処理を行わせるために必要な論理的思考力を身に付けるための学習活動」と記述があり、これを各教科で行うとあります。目的は理解できますが、そもそもプログラミング教育が必要になった背景や、具体的な実現方法は不明確です。

　この学習指導要領策定にあたって、事前に行われた有識者会議のまとめ「小学校段階におけるプログラミング教育の在り方について（議論の取りまとめ）注1)」があります。さらに、この議論の重要なポイントをまとめたものが資料として公開されています。

注1) http://www.mext.go.jp/b_menu/shingi/chousa/shotou/122/attach/1372525.htm

● 図1.1 小学校段階におけるプログラミング教育の在り方について（議論の取りまとめ）（概要）
（出典：文部科学省ホームページ[注2]）

この2つの資料から、重要なポイントを説明します。

1.3 プログラミング教育が生まれた背景

　プログラミング教育が必要とされるようになった背景として、「情報科学」が生活に必要不可欠なものになったことと、「第四次産業革命」による変化への耐性が必要になったことが挙げられます。身の回りにある多くのものは、プログラムによって制御されています。ゲームやコンピュータといったプログラムが主体のものはもちろん、冷蔵庫、洗濯機、掃除機といった家電や、電車や車などもプログラム制御になっています。
　人工知能（AI）が進化し、インターネットで最適化されていく社会にあって、今後多くの仕事が自動化されていくことが予測されています。こういった予測困難で変化の激しい将来に向かって、子どもたちに必要な資質・能力を育む必要があります。
　学習指導要領の議論の中では、その資質・能力を次の3つであると定義しています。

- 情報を読み解く
- 論理的・創造的思考により課題を発見・解決し、新たな価値を創造する
- よりよい社会や人生の在り方について考え、学んだことを生かそうとする

注2) http://www.mext.go.jp/b_menu/shingi/chukyo/chukyo3/074/siryo/1373891.htm

こういった背景から、社会におけるコンピュータの役割を理解しつつ、これらの必要な資質・能力を身につけることが求められています。これらの資質・能力を理解するために、プログラミング教育が生まれたのです。

また、小学校では「プログラミング言語によるプログラムの記述（＝コーディング）」を覚えることがプログラミング教育の目的ではない、とも記載があります。あくまでも、上記の資質・能力を育成するために、プログラミングの考え方を活かしていこう、といった論理です。

1.4 プログラミング教育で養う「プログラミング的思考」とは

ではそのプログラミングの考え方とは何でしょうか。プログラミング教育の目指すところは、「普遍的に求められる力」としての「論理的思考力」を身につけることだと説いています。有識者会議でのまとめには、次のように記載があります。

■ プログラミング教育とは

子供たちに、コンピュータに意図した処理を行うように指示することができるということを体験させながら、将来どのような職業に就くとしても、時代を超えて普遍的に求められる力としての「プログラミング的思考」などを育むこと

■ プログラミング的思考とは

自分が意図する一連の活動を実現するために、どのような動きの組合せが必要であり、一つ一つの動きに対応した記号を、どのように組み合わせたらいいのか、記号の組合せをどのように改善していけば、より意図した活動に近づくのか、といったことを論理的に考えていく力

プログラミングでは、ある抽象的な動作・処理を、細かく最小限のステップへと分解して分類し、順番に実行していくことで、ある動作を実現しています。このように、物事を分解して本質を見極め、分類して整理することによって、論理的な構造を考える力を養うことを、プログラミング教育では求めているのでしょう。

1.5 プログラミング教育は、小学校課程の目的にかなっている

そもそも、義務教育の目指すところは、教育基本法5条にあるとおり、次の2つです。

- 各個人の有する能力を伸ばしつつ社会において自立的に生きる基礎を培い、
- 国家及び社会の形成者として必要とされる基本的な資質を養うこと

小学校では、原則的に「基礎」「基本」に「興味を持ってもらう」ことを軸にして、各教科をまんべんなく学習します。上の2つは、どのような職に就くとしても活かすことのできる資質・能力です。将来、さまざまな職業の中から選択を行うときに、その幅を狭めずに、広く門戸を開いておくことが、小学校教育課程での重要な要素となります。

小学校6年間は、幼児教育で学んだことを活かしながら、身近な生活での体験を通じて、具体的な事象を捉え、抽象的な思考力を高めていく発達段階だとされています。このような体験から得られる気づきにより、基礎的な能力を身につけていくことが、小学校課程の教育です。

これはプログラミング教育においても同様で、「小学校段階におけるプログラミング教育の在り方について（議論の取りまとめ）」によると、「体験」「気づき」「身につけてほしいこと」は次のとおりです。

- **体験**
  - コンピュータに、意図した処理を行わせるように指示することができる

- **気づき**
  - 身近な生活にコンピュータがあること
  - 問題の解決には手順があること

- **身につけてほしいこと**
  - 基礎的な「プログラミング的思考」を身につけること

1.6　結局は地域次第？　どのように小学校課程で教育するのか

ではこれらを具体的に、どのように小学校で学習していくのでしょうか。図1.1に以下の記述がありますので、こちらを確認しましょう。

こうした資質・能力を育成するプログラミング教育を行う単元について、各学校が適切に位置付け、実施していくことが求められる。また、プログラミング教育を実施する前提として、言語能力の育成や各教科等における思考力の育成など、全ての教育の基盤として長年重視されてきている資質・能力の育成もしっかりと図っていくことが重要である。

要するに「学校で考えて」と読み解けます。実際には、各教育委員会や小学校が連携をして、授業内容を準備・決定していくことになるはずです。いくつかの学校ではすでに授業に組み入れており、2020年に向けて、そういった先行事例を手本に進めていくことになるでしょう。ですから、同じ地域の各小学校では、同じような教育方法が採られるのではないかと考えています。教

科書については、検定の教科書により統一が図られるでしょうが、教師への教育・指導や、学校のICT環境の整備にはばらつきがあるのではないか、といった不安要素があります。

　これらの情報だけでは、保護者の方にとっては、新しく始まるプログラミング教育に対して、どのような準備をしておけばよいのか、プログラミング教室に通わせるべきなのか、悩みは尽きません。

　そこで次章ではより具体的に、プログラミング教育により、各家庭へどのような影響が発生するかを考えていきます。

第**2**章

保護者は何もしなくてよい？ 「プログラミング教育 必修化」で変わること、 変わらないこと

阿部 崇

前章では、プログラミング教育とは「プログラミング的思考」を学ぶもので、「プログラミング言語」を学ぶことではないと紹介しました。本章では、この「プログラミング的思考」の考え方が学校の授業に組み込まれることで、何が変わるのか？ そして、保護者の方が考えなければならないこと、すべきことは何かについて考えていきましょう。

2.1 押し付けるのではなく、興味を持ってもらうことを重要視する

前章では、どういった背景と目的があって「プログラミング教育」が必修化されたのか、何を学ぶのか見てきました。では、「プログラミング教育」が学習指導要領に入ったことで、何かすべきことはあるのでしょうか。保護者の方は、その点を不安に感じているかと思います。

結論から言うと、特別に何かすべきことはありません。

学習指導要領では、プログラミング教育の目的を、子どもたちに「プログラミング的思考」を身につけることとしています。ですから、「プログラミング教室へ通わせなければならない」とか「専用のパソコンを買って準備しなければならない」などといったことはありません。

小学校の教育課程において重要なポイントは、「興味を持ってもらう」ことです。学んで、身につけることを最終的なゴールとはしていますが、まずは各教科に「興味を持つ」ことが必要不可欠です。将来、職業に就くにあたって多くの選択肢を持たせるために、さまざまなことに触れ、体験してもらうこと。これこそが、小学校の生活において、最重要事項になります。

もちろん、体験するだけではなく、基礎教養として多くのことを理解・吸収して、中学校課程へ進んでもらう必要はあります。ですが、興味を持って真剣に学ばなければ、記憶にとどめておくこともできません。中学校で聞いた話では、かけ算九九ができない生徒は、一定数存在するそうです。こういったケースは、そもそも算数への興味自体なかったことが要因の1つかもしれません。

新しく始まる「プログラミング教育」についても同様に、興味を持って体験することが重要であり、小学校ではそのための授業が行われることになるでしょう。こういったことから、保護者の方は、特別に何かを準備する必要はないと言えます。

そうは言っても、何かをしないと不安だと考える保護者の方も少なくないでしょう。その場合、まずは次の2点に気をつけるとよいのではないでしょうか。

　　1. 興味をそがない
　　2. 学びたい・知りたいという知的好奇心に対して、必要なものを提供する

これらに気をつけながら、具体的にどういったアプローチができるのか、詳しく見ていきましょう。

2.2 小学校の教育で重要な「興味をそがない」こと

先述のとおり、これは「プログラミング教育」に限った話ではありません。子どもたちが新たに学ぼうとしていることに対して、興味を抱かせないようにすることはよくありません。ですから保護者の方は、教科や先生、小学校自体に対してマイナスのイメージを抱かせるようなことを、ご家庭で話すのは避けましょう。

例えば、「歴史を学んだところで、仕事の役になんて立たないんだから、社会なんてやらなくていいよ」「あの担任の先生は嫌いだから、言うことを聞かなくていい」などと、教科や学校生活自体の興味をそいでしまう情報を、子どもに伝えてしまうことです。「やらなくていい」と言われて、積極的に学習意欲を持つ子どもは、あまりいないでしょう。「あの先生の言うことを聞かなくていい」と言われれば、子どもはその先生の言うことなすこと、すべてに反発する場合もあります。あえてマイナスのことを伝えるくらいならば、何も伝えないほうが子どもにとってはよいかもしれません。

では反対に、積極的に興味を持たせようという行為はどうでしょうか。「プログラミングは楽しいから、今からパソコンにこのプログラムをすべて打ち込んでみよう！」「算数は人生にとって重要だから、これから毎日ドリルを 10 ページやりなさい！」などと言われて、子どもは興味を持って楽しく進めていくでしょうか。ほとんどのケースにおいて、嫌になってやめていってしまうでしょう。いくら保護者だからといって、子どもの行動を強制することはよくありません。

かと言って保護者の方が何もしなければ、子どもたちも何もしない可能性も非常に高く、保護者としてはヤキモキすることが非常に多いでしょう。正解があることではありませんが、これまで子どもたちを見てきた経験から、興味を持ったもの、好きなものから、関心や興味を広げていく方法がよいと考えています。

例えば、ほとんどの子どもたちは、ゲームが好きです。大人になってもゲームをやっている方も多くいますが、なぜゲームは面白いのでしょうか。テレビゲームでは、キャラクターを操作して、目の前に立ちはだかる課題をクリアし、それに準じる褒美（スコア）を得るのが一般的です。ある程度難易度の高い課題をクリアすることによって、他者からフィードバックや報酬を与えられると、人は達成感を得ます。この達成感を得たいがために、人はゲームを楽しいと感じ、続けてプレイします。ゲームに限らず、スポーツや楽器といった習いごとも似たような経過で上手になっていくものですね。

このように、ゲーム感覚で「プログラム」に興味を持ってもらう方法はいくつかあります。例えば、マサチューセッツ工科大学が開発した「Scratch[注1]（スクラッチ）」は、文字を入力して記述するのではなく、視覚的な要素を組み合わせてプログラミングを学ぶことのできるプログラミング言語です。さまざまな要素を組み合わせて、インタラクティブなストーリーやゲーム、アニメーションなどを作ることができるようになっています。このような、視覚的な要素を組み合わせて行うプログラミングを「ビジュアルプログラミング」と呼びます。

注1) http://scratch.mit.edu/

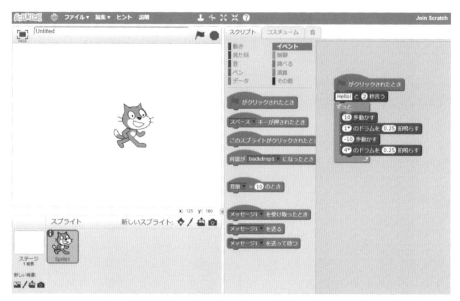

● Scratchのプロジェクト作成画面。命令の書かれたブロックをパズルのように組み合わせ、キャラクターを動かせる
（出典：https://scratch.mit.edu/projects/editor/?tip_bar=getStarted）

　また、プログラミング教育を普及する活動「Hour of Code[注2]」では、Scratchをはじめとするビジュアルプログラミング言語や「LOGO」といった教育向け言語、「マインクラフト」のようなゲームと組み合わせて、プログラミング教育を行っています。こういった活動などを通じて、子どもたちにプログラムに対する興味や関心を持ってもらうことができるでしょう。

　私の勤めている会社では、NPOと協力して小中学校でのプログラミング教育のボランティアを実施しています。「コードスタジオ[注3]」の教材を活用し、生徒たちに1時間程度、ビジュアルプログラミングを実践してもらっています。子どもたちの反応もすこぶる良く、終了時間になっても「まだやりたい！」「次回はいつ？」と好評です。このように、子ども向けに準備された教材を活用することで、子どもたちの興味関心を引くことは難しくありません。

　子どもの興味をそがない、むしろ興味を持ってもらえる製品や仕組みは、たくさん出てきています。そのことを知っておくことが、保護者ができることの1つかもしれません。

2.3　学びたい・知りたいという知的好奇心に対して、必要なものを提供する

　子どもたちが、新しいことに興味関心を持つと、その知的好奇心はとどまることを知りません。もっと新しいことを試したい、実行したいと思うようになります。

　新たに学ぼうとしているその段階で保護者からダメ出しされてしまうと、せっかく抱いた知的好奇心を失ってしまうことになりかねません。特に「プログラミング教育」について理解のない

注2) http://hourofcode.jp/

注3) https://studio.code.org/

場合は、「得体の知れないものに時間やお金を割けるほど、わが家には余裕がない」と感じたり「ゲームばっかりやってるじゃないの」とよくない印象を受けてしまうかもしれません。また、「新しいことをやらせたいけど、プログラミングってパソコンを買って、教室に通わせないといけないんじゃないかしら……」と拡大解釈に及んでしまうかもしれません。そういった考えをめぐらせる前にまず、子どもが興味を持っているのはどのようなことなのか、保護者の方が正しく理解し、知識を得る必要があります。

　プログラミング教育は、学年や学習レベルによって学べることが変わってきます。学習レベルが上がるにつれて、より本格的なコンピュータや環境が必要になる場合が大半です。ですが、小学生の子どもたちが、「プログラミングに触れてみたい」と思う入り口の段階においては、時間も労力も、そしてお金もあまりかけずに学習に必要なものを準備できます。保護者の方は、お子さまの学習レベルを確認しつつ、それにあった環境を提供できるよう、前向きに検討してください。

2.4　子どもがプログラミングに興味を持ったら？　適切な環境を準備する

　それでは、プログラミング教育の学習レベルについて概要を紹介します。個々のレベルに沿った、具体的な準備については、第6章で詳細を説明します。

> 1. プログラミング学習用に準備された絵本など（アンプラグド）
> 2. ビスケットやScratchなどのビジュアルプログラミング（ビジュアル）
> 3. 実際にデバイスや機器を操作する（ロボット）
> 4. プログラミング言語を学ぶ（テキストコーディング）

　また、「学習レベル」とは記していますが、必ずこの段階で進めていかなければならないわけではありません。できるところから子どもたちを支援し、環境も準備していけばよいでしょう。

1. プログラミング学習用に準備された絵本など（アンプラグド）

　翔泳社から『ルビィのぼうけん[注4]』という絵本が出版されています。プログラミング教育の第一歩として、多くの方に読まれている絵本です。内容は普通の絵本と大きく変わりませんが、主人公の女の子の冒険を通じて、プログラミング的なものの考え方を学ぶことができる絵本となっています。絵本なので、小さなお子さまでも読むことができます。難しい内容ではありませんから、これからプログラミングを学ぼうと考えている保護者の方にもおすすめです。

　こういった、プログラミング的思考を身につけられる絵本や教材は、徐々に増えてきています。ご家庭でお子さまと読み進め、わからないことを一緒に考えていくのはいかがでしょうか。もし、プログラミングに詳しい保護者の方でしたら、さらにお子さまに考えてもらう問題を準備されてもよいかもしれません。

注4) http://www.shoeisha.co.jp/book/rubynobouken/

2. ビスケットやScratchなどのビジュアルプログラミング（ビジュアル）

　実際のプログラミングを、キャラクターを操作するなどの形で学んでいく教材になります。ご自宅にインターネット環境と、タブレットやパソコンがあれば、いつでも始めることができます。先ほど紹介した「コードスタジオ[注5]」はWebブラウザがあれば、すぐに利用できます。「ビスケット（Viscuit）[注6]」と「Scratch[注7]」もパソコンからなら、そのままWebブラウザで試せます。タブレットであれば、無料のアプリケーションを追加して実行することもできます。ご自宅に環境がない場合でも、図書館で無料のパソコンとインターネット環境を利用できることがありますので、お住まいの地域の図書館に問い合わせてみてください。

●コードスタジオの公式ページ。コースが分かれており、レベルを選んで学習できる
（出典：https://studio.code.org/courses）

　ビジュアルプログラミングの特徴は、「文字が読める」お子さまであれば、いつでもすぐに始められることです。また、キャラクターを使って「右を向く」「左を向く」「前に進む」といった、普段何気なく行っている動作を、実際に命令するとはどういうことか、いわゆる「プログラミング的思考」を体感できるという点で優れています。

3. 実際にデバイスや機器を操作する（ロボット）

　次は、コンピュータにロボットなどのデバイスを接続して、実際にそのデバイスを動かすためのプログラミングを行います。

注5）https://studio.code.org/

注6）http://www.viscuit.com/

注7）https://scratch.mit.edu/

ビジュアルプログラミングでキャラクターを動かしているだけだと、「プログラムで制御できる（動かせる）ことって、ゲームみたいなものだけなの？」と思われるかもしれません。ですが、機械の制御や自動運転もコンピュータの重要な役割です。ロボットを制御するのはそういった利用用途に近いため、プログラムを通じてロボットを実際に動かしてみることで、命令にどのように反応しているのか体験することができます。

● 子ども向けロボット「mBot」。Scratchをもとにしたプログラミング言語で操作できる
（出典：http://store.makeblock.com/jp）

　例えば、「目の前にあるりんごを持つ」という動作を考えてみましょう。人がその行為をする場合には、ほとんど何も考えずに実現できるでしょう。しかし実は、その行動の過程では、「りんごの位置を視覚情報から計測して分析し、その場所まで腕を持っていって、りんごを持つのに適切な力でつかむ」という動作を行っています。ロボットプログラミングでは、これらのデータを計測、分析して動きにつなげていく必要があります。
　このように、複雑な機構のものを制御することで、普段の何気ない動作でも、実際には多くの細かな動作の組合せで行っている、ということを体感し理解できることが、ロボットプログラミングの特徴です。

4. プログラミング言語を学ぶ（テキストコーディング）

　そして、最終的に行き着く地点は、皆さんのイメージするプログラミングでしょう。ほとんどのプログラミング言語は、英語のキーワードと算術記号を中心に構成されています。これらを文法規則に従って記述し、コンピュータに命令を行う「テキストコーディング」と呼ばれる分野に、ステップアップしていくことになります。
　初めての方には、見慣れない英単語と数式の列を見て、それらがどのような動作につながるのか、すぐに理解することは難しいでしょう。ですから、実際に学んでいくには、ハードルが高いと思われるかもしれません。

たしかに複雑で難解な言語もありますが、初学者用に開発されたBASIC言語や、複雑な手順を踏まなくとも利用できるように作られているスクリプト言語なども多数あります。本書の第4章、第5章では、平さんが実際にお子さまとのテキストコーディングを学習していった体験記をつづっています。子どもたちにテキストコーディングを教える上で参考になるでしょう。

また、こういったプログラミング言語を学習するためには、パソコン一式と開発するためのソフトウェアが必要になるのではと思われるかもしれません。本格的にプログラミングを始めようとすると、たしかに必要かもしれません。しかし最近では、タブレットやスマホ上でテキストコーディングを行って、実際に動くアプリケーションを開発することができるようになってきています。ほかにもニンテンドー3DSをお持ちでしたら、「プチコン3号 SmileBASIC [注8]」を購入すれば、3DS上でBASIC言語を使ってゲームを開発することができます。

テキストコーディングを学習できるWebサイトも充実していますし、ある程度の学習が済んだお子さまであれば、以前よりもチャレンジは容易になりました。テキストコーディングは、ビジュアルプログラミングやロボットプログラミングと比べて制約が少なくなります。自由な発想で、コンピュータで実現できるいろいろなものを開発できるようになります。

とは言え、このレベルまでやってくると「何を作りたいか」といった目的が重要になってきます。ビジュアルプログラミングやロボットプログラミングでは、ゴールが与えられており、また動かすこと自体が面白いので、あまり「目的」について考えることがなかったのではないでしょうか。

実際に、プログラミング言語で何かを開発してみよう、という段階になると「何を作ったらいいかわからない」ともなりかねません。「テキストコーディングでは何ができて、何ができないのか？」「市販のゲームみたいなものを作りたいけど、どうやればいいか？ どのくらいで作れるのか？」といったことがわからないでしょう。自由度が高い分、目的を見失うケースがあります。

「さらにステップアップしたいけれど、何を作ればいいかわからない」というお子さまは、まずは学習サイトなどで基礎を学びながら、作りたいもののイメージをつくりあげていくことが重要になるでしょう。多くの学習用サイトがありますから、自分が楽しく学べるところから順番に、より深い内容へ移っていけるように準備していきましょう。

こういった、学習のレベルアップについては工夫が必要なところなので、第6章でもう少し具体的に紹介していきます。

2.5 子どもと一緒に保護者も学んでいく姿勢が大事

子どもたちだけが興味・関心を持って、その環境を保護者が提供をすればそれでいい、ということはありません。重要なポイントは、わからないからと敬遠せずに、一緒に学んでいくことでしょう。

注8) https://www.nintendo.co.jp/titles/50010000027755

プログラミングは、課題を認識して、その課題を解くことの繰り返しです。学習を進めていけば、やがて難しい課題にあたり、子どもたちは投げ出してしまうかもしれません。保護者の方も一緒に学習をしながら、ともに考え、課題を解決していくことで、子どもたちはさらに難しい課題に取り組むことができ、課題が解けた喜びをともに感じられるようになります。プログラミング教育に限らず、保護者の方も子どもたちと一緒に学習し、理解できたら褒めることで、子どもたちはより大きな達成感を得ることができるでしょう。

子どもたちが興味関心を持って学習を1人で進めていけるようになるまでは、そうして、保護者の方が一緒に学んでいく姿勢でいることが重要ではないかと、私自身の4人の子どもたちを見て感じています。

第3章

プログラミングは意外と身近でシンプル！日常にあふれているプログラムを理解しよう

阿部 崇

本章では、私たちの生活のどこでプログラムが使われていて、どのような仕組みで実装されているかを紹介します。日常的に利用している身近なものが「プログラム」によって制御されていることを知り、その仕組みを理解することで、よりプログラムへの関心や興味にもつながるのではと考えています。どの家庭にもあるものであれば、実際に触れて、体験することも簡単にできます。このような体験を通じて、プログラムを身近に感じていただくことが、本章の目的です。

3.1 プログラムってどんな仕組み？ 身近な家電で理解しよう

　難しく考えられがちな「プログラミング」ですが、家電をはじめ私たちの生活に気づかないうちになじんでいます。まず本節では、そういった日常の中で動いているプログラムの例を参考にしつつ、プログラムの仕組みについて理解していきましょう。プログラムを身近に感じ、興味を持っていただければ幸いです。

コンピュータが動く仕組みは「順次」「分岐」「反復」の３つだけ

　身近で動くプログラムの具体例を紹介する前に、コンピュータ制御の仕組みについて説明します。コンピュータで実現されたゲームや、CGを多用した映画などを見ると、その視覚的な効果があまりにもすごすぎて、プログラミングは「難しいもの」と考えられがちです。

　しかし、コンピュータ内部の基本的な制御機構（動く仕組み）は、「1．順次」「2．分岐」「3．反復」といった単純な要素だけでできあがっています。これらを組み合わせて複雑な制御を行っているのです。この3つの制御構造について、人間の簡単な行動を例に学んでいきましょう。

▎1. 順次

　まず、一番よく利用される要素である「順次」について見ていきます。

　「順次」とは、その名のとおり、先頭から順番に処理を実行します。この順次構造は、処理の基本です。何を行うにも、この順次処理が含まれています。そろばんの「読み上げ算」を思い浮かべてください。足し合わせる数を、1つずつ順番に読み上げていって、計算する人は1つずつ、そろばんを使って足し算を行っていきます。このように、順番に1つ1つの処理を行っていく処理を「順次」と呼びます。

　例えば、人間の「鍵を開けてドアを開ける」という行動を制御する場合、次のような順次処理になります。

> 1. 鍵を出す
> 2. 鍵を持つ
> 3. 鍵をドアの鍵穴に差し込む
> 4. 鍵を回す
> 5. 鍵を抜く
> 6. 鍵をしまう
> 7. ドアノブを握る
> 8. ドアノブを回す
> 9. ドアを開ける

　図で示すと次のとおりです。上から順番にシンプルに処理を実行するのが順次処理です。

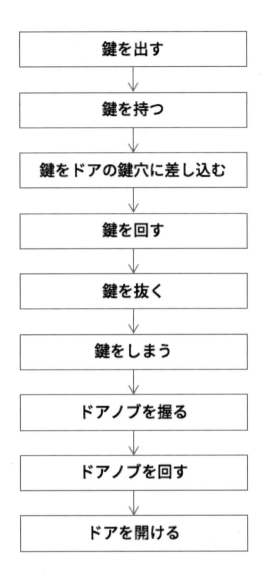

2. 分岐

　2つ目は「分岐」です。これは、条件によってAを行うか、Bを行うか、内容を変えて処理するやり方です。この条件の部分には、一般的に「式」が利用されます。例えば「A > 1」とあれば、「Aが1よりも大きい場合は」といった意味です。コンピュータは数式しか扱うことができませんから、数の比較や存在の有無といったことでのみ、条件を指定することができます。

　先ほどの「ドアを開ける」部分ですが、ドアのタイプによってドアの開け方を分岐制御させると、どのようになるでしょうか。

　1. ドアのタイプを調べる
　2. もし、ドアのタイプが「引き戸」なら、ドアを左へスライドさせる

3. もし、ドアのタイプが「開き戸」なら、ドアを手前に引く
　　4. もし、いずれでもなかったら、ドアをとりあえず押してみる

　ドアに3つのタイプがある前提で分岐処理を考えてみましたが、どのような分岐方式でも「状態を調べる（計算を行う）」「状態（式の結果）によって、どの処理を実行するか選択する」といった流れになります。
　図で表すと以下のとおり、条件式の結果によって複数の処理へ「分岐」していることがわかります。

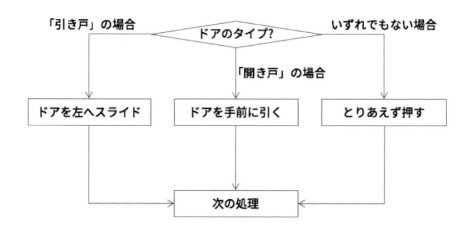

　このように、条件式の結果によって処理する内容を選択させることができる制御構造のことを、分岐と呼びます。

3. 反復

　最後は「反復」です。何度も同じことを繰り返す場合に利用します。コンピュータの得意分野といえば、同じことを繰り返す作業だと考えている方もいらっしゃると思います。まさにその特徴的な制御構造です。
　反復処理は、ただ繰り返すものだけではなく、「ある条件を満たすまで繰り返す」場合や「ある一定の回数だけ繰り返す」場合にも利用できます。例えば、先ほどの「鍵を開ける」部分ですが、先ほどまでは当たり前のように「鍵穴にさすタイプの鍵」を想定して処理をしていました。今回、この鍵が「ダイヤル式の錠」であった場合を想定します。4桁の数字を合わせるタイプだったとき、4桁のダイヤルを回す必要がありますので、4回の反復になります。

1. nに1を入れる
2. n桁目のダイヤルを合わせる
3. nの値を1つ増やす
4. もし、nの値が4以下なら処理2.へ戻る
5. ダイヤル式の錠を解錠する

　突然「n」という謎のアルファベットが登場しましたが、これはプログラムでは「変数」と呼んでいます。一時的に数字などを保管・記憶する箱のようなものと考えてください。
　まず1つ目の処理で、この「n」と指定した「変数」という箱に「1」を入れます。
　2つ目の処理では「n桁目のダイヤルを合わせる」とありますから、この「n」を先ほどの数字「1」に変換します。「1桁目の」ということですから、4桁のダイヤルのうち、まずその1桁目のダイヤルを回します。
　3つ目の処理「nの値を1つ増やす」で、今度は「n」の中身を1つ増やしています。今は「1」ですから、1つ増やして「2」になります。
　4つ目の処理で「nが4以下なら処理2.へ戻る」とありますから、「n」が4以下の「2」になった状態で、2つ目の処理に戻ります。
　2回目の反復処理では、「n」が「2」になっていますから、2桁目のダイヤルを変更します。これを繰り返して、4桁目のダイヤルまで処理を行うと、4つ目の処理で「n」が「5」となり、2つ目の処理へ戻らずに5つ目の処理へ移る仕組みです。
　図で示すと、以下のとおりです。文章で表すと複雑に感じますが、反復処理として表現するとシンプルな構造になります。

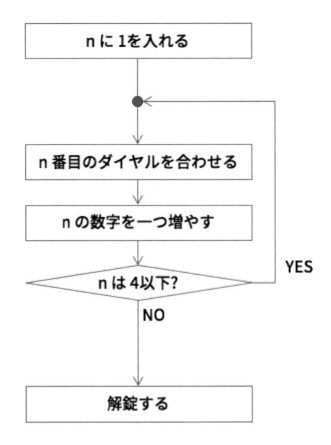

　反復処理は、こういった指定した回数を繰り返したり、ある条件の間ずっと処理を繰り返したりする制御方式です。

家電に組み込まれたコンピュータ

　本稿を書くために、昔の家電のことを思い出していました。かつての家電は、主に機械式で、必要最小限の機能に絞られていました。

　かつての洗濯機は、洗うものや量によって使う人がタイマーのダイヤルで時間を指定して洗濯してから、脱水槽に移して、脱水もタイマーで指定して利用していました。洗う内容によって「最適な洗濯機の制御方法」を人が考えて実行していたので、洗濯する作業自体は機械化されたとしても、経験に頼ってコントロールしなければならない部分が多かったでしょう。

　このように、かつては内容や量を計測するセンサーの部分や、洗剤や水の配分、洗濯時間などの頭脳労働部分は人間が行う必要がありました。それが、センサーが進化してコンピュータが小型化されると、家電にもコンピュータが搭載されるようになりました。これまで人間が行ってきた頭脳労働部分を、センサーによる計測結果からコンピュータが計算できるようになったのです。すると、このコンピュータが洗濯機自身を制御して、自動的に洗濯から脱水までを行うようになりました。最近では乾燥機能はもちろん、服をたたむ装置までもが開発されています。

　洗濯機だけではありません。電子レンジも内容物を調査して、適切な照射量・照射時間を設定して温めることができます。また、エアコンは人のいる場所や、最適な温度になっていない部分

を計測して、部屋全体を適温にするよう制御しています。こういった家電にも、「順次」「分岐」「反復」といった構造が組み込まれているのですね。

電子レンジを制御するプログラムの例

「センサーが計測して、計測した結果から機械を制御する」というと、難しいプログラムのように感じられますが、実態はもっとシンプルです。制御機構がシンプルな電子レンジを例に、どういった処理が行われるかを考えてみましょう。コンビニエンスストアにある電子レンジは機能が限定されているので、そちらを採用します。

この電子レンジの機能は、「1500w出力のみで、押されたボタンによって設定された秒数だけ温める」ものとします。ボタンは全部で3つあり、30秒、60秒、そして90秒と設定されているとします。ボタンが押されたら、その時間内は電磁波が照射され、時間が経過したら電磁波の照射を止めて、完了音（よくあるチンという音にしましょう）を鳴らして終了します。

この電子レンジを制御するプログラムは、下図の流れになります。実際の製品はここまでシンプルに構成されてはいないでしょうが、基本的な考え方は以下のとおりです。

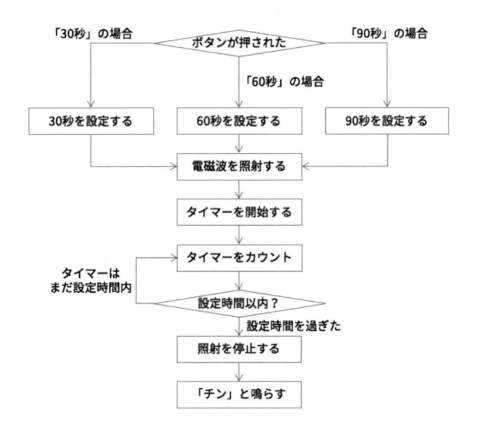

このように、家電などに専用に組み込まれたプログラムを「組み込みシステム」と呼びます。こういったプログラムを専門に開発するエンジニアがいて、このプログラムの質が家電の使い勝手を左右しています。

生活にとって欠かせなくなったコンピュータ

昨今、新たに開発されている電気を使って動くもののほとんどは、コンピュータを内蔵しているでしょう。家の中にあるものだけではなく、自動車や船、飛行機など、大きな乗り物もコンピュータによって制御されます。病院内のさまざまな機会もコンピュータを搭載しています。

プログラムと日常の生活とは一見関係がないと感じられていたかもしれませんが、今回例に挙げたとおり、身近なものにもプログラムは多く利用されています。皆さんがお使いの携帯電話やスマートフォンはもちろん、家電など、生活と密接してコンピュータは活用され、浸透しています。私たちの生活とは切っても切れない関係になったと言えるでしょう。

また、プログラムとはとても難しいものだと感じられていたかもしれません。ですが、たった3つの制御構造を組み合わせて、プログラムが動いていること、家電をはじめとする生活をともにするものも、プログラムによって制御されていることをご理解いただけたのではないでしょうか。プログラミング自体が、とても身近なものと感じていただけたら幸いです。

3.2 ゲームや家電だけじゃない！ 「都市」を支えるプログラミングを知ろう

本節では、もっと規模の大きい、都市を制御する（動かす）仕組みについて紹介します。「都市を制御する」と聞くと、とてつもなく大きな仕組みを思い浮かべてしまうかと思います。ですが、これらもプログラムで制御されています。このように大きな仕組みでも、たった3つの制御構造しか持たないプログラム（前節参照）で制御することができるのは驚きですね。

都市を制御するスマートシティ

皆さんは「スマートシティ」という言葉を聞いたことがありますか？ スマートシティとは、ITを活用して、人々の生活を効率よく、便利にしていく都市のことです。そこでは、再生可能エネルギーを必要な場所に効率よく供給するための仕組み「スマートグリッド」を中核に、省エネルギー化による環境への配慮や、工場の自動化、医療での活用、交通システムの制御などを進めています。日本でも、千葉県柏市の「柏の葉スマートシティ」などで推進されています。

身近にある家電やコンピュータとは違い、スマートシティでは、手に取ることのできない大きなものや、広い範囲を制御する仕組みも自動化していきます。これらもプログラムによって制御されていて、根本的な考え方・仕組みは前節で解説したものと変わりません。

では、実際にどういったものがスマートシティで制御されていて、どこにプログラムが活用されているかを紹介していきます。プログラムを学んでも、ゲームや家電にしか活かせないわけではなく、さまざまな分野で活用できます。プログラミングの持つ重要性と、将来性についてご理解いただければ幸いです。

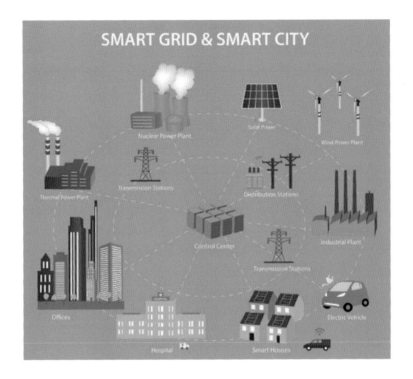

環境に配慮した都市を作るスマートグリッド

地球温暖化への対策として、CO_2の排出量を抑える取り組みが世界各国で進められています。日本では、火力発電から原子力発電への移行を進めていたことを、皆さんもよくご存じであろうと思います。しかし、2011年3月11日の原発事故を発端に、原子力発電所の多くは運用を停止しています。このため、現在の日本では主に火力発電による電力生成に立ち戻っています。

こういった問題の解決策として、「再生可能エネルギー」の見直しと「スマートグリッド」の推進があります。

まず、「再生可能エネルギー」は、地球環境に配慮したクリーンエネルギーですから、地球温暖化問題への対策として注目されています。「再生可能エネルギー」とは、太陽光や風力といった自然界に常に存在するエネルギーのことです。「太陽電池」などがよく知られているでしょう。太陽光だけで電力を生成し、機械を動かすもので、電卓や腕時計などで多く利用されています。今では、家庭やオフィスのビルでも屋根や屋上に太陽光パネルを設置して、家庭・オフィス用の電力として利用する動きがあります。

この「再生可能エネルギー」を主として、電力を生成する電力会社も出てきました。さらにこれは日本だけではなく、海外でも進められていて、ドイツでは2050年までに発電比率の80%を自然エネルギーに引き上げることを目標にしています（「平成28年度低炭素社会の実現に向けた中長期的再生可能エネルギー導入拡大方策検討調査委託業務報告書」[注1]内「参考資料1　ドイツのエネルギー変革に関する動向調査」[注2]より）。

注1) http://www.env.go.jp/earth/report/h29-03/index.html
注2) http://www.env.go.jp/earth/report/h29-03/h28_ref01.pdf

これを受けて、消費者も、再生可能エネルギーを生成する会社からのエネルギー供給を期待する動きがあります。今までの大手電力会社ではなく、新たな小売電力事業者が生成した電力を、必要な家庭に適切に供給する仕組みが必要になってきました。「各家庭で必要な電力を新しい電力会社から正しく供給」し、「料金を正しく回収」する新たな仕組みが求められます。これらを実現するのが「スマートグリッド」です。

スマートグリッドは、必要な場所に必要な量を送電する仕組みで、通信機能つきの電力量を計測する機械である「スマートメーター」との組合せで実現されます。スマートメーターは、消費者側の電力の使用量をリアルタイムで計測します。電力を送り届ける側は、スマートメーターの結果をもとに必要な場所に必要な分だけの電気を供給します。

供給側は、スマートメーターで計測された情報に基づいて、すぐプログラムによって計算します。例えば、Aさんの家での使用量が1000Wで、Bさんの家では500Wだったとします。このとき、Aさんの家へ1000W以上、Bさんの家へは500W以上の電力が確実に供給されなければ、各家庭の電気は止まってしまいます。このための計算を瞬時に行い、送電を制御しているのが、プログラムです。

また、各家庭の使用量がリアルタイムにわかるとすれば、電力会社の検針員が各家庭を回らずとも、電気料金を計算することができます。電気料金の計算も、プログラムによって実現できます。

家庭の数だけ電気料金を計算することは、とても膨大な数量になって大変だと思われるかもしれません。ですが、プログラムは同じ処理を何度も、正確に実行することが得意です。扱う規模が大きくなったとしても、正しく計算するためのプログラムを1つ記述することさえできれば、後は同じものを使って、必要な家庭の数だけ繰り返し計算させれば十分なのです。

工場から人がいなくなる？

ほかにも、スマートシティではコンピュータの活躍によって効率化されるものがあります。工場での作業もその1つです。

工場には、ロボットやベルトコンベアのような機械が多く設置され、多くの仕分けや加工などの作業を自動で行っています。これまでは、ロボットを使って自動的に行う工程の中にも、人手が必要なことが多くありました。例えば、ロボットで自動的に製品を加工する場合、部品や加工品を正しい位置に並べる必要があります。また、正しく加工されているかどうかも、人が目視で確認を行う必要があります。完全な検品を行うには複数人でのダブルチェックなどが必要で、自動化とは裏腹に人手を多く介さなければならない事情もしばしばありました。

時代は変わって、ITを活用したプログラミングの時代が到来しました。今では人工知能や画像認識といった技術を活用して、どうしても人手を割かなければならなかった検品作業なども自動化できるようになりました。人工知能とは、大量の情報を学習して推論を行い、人の思考・判断を支援する仕組みのことです。ロボットだけでは自動化できなかった部分も、こういった人工知能やセンサーとプログラムの技術を融合することによって、さらに自動化できるようになったのです。その結果、人間によるオペレーションミスが削減され、品質も生産性も向上しました。

こういった先端的な自動化の仕組みを採用している工場では、センサーから入力された情報をもとに、画像を解析するプログラムも活用されています。画像上から対象となる加工品を検出して、その形・色・大きさなどを計測するプログラムです。例えば、指定されている形とは異なる

場合や、色が違う場合、サイズが大きすぎたり小さすぎたりする場合は、その加工品を出荷しない、といった判断を瞬時に行うプログラムを記述することで、工場の自動化を実現しているわけですね。

医療機器だけじゃない、介護やケアにも活用されるプログラム

医療機器にもめまぐるしい発展が起きています。最近では、人工知能を活用してガンを発見する仕組みなどが開発されています。この人工知能システムも、プログラミングによって、複雑な計算を実行して実現しています。

また、介護を補助するための機械も多く発明され、精神的なケアを行うために人工知能を利用した「ケアロボット」も出てきています。ロボットといっても無機質なものではなく、犬や猫などの愛玩動物や、人形などがもとになっています。介護をする方が、1人1人を丁寧にケアできることが望ましいのですが、少子高齢化の現在、対応は難しいでしょう。そこで、介護の必要な方の話し相手や、遊び相手としてケアロボットが採用され始めています。

こういったガンを発見する仕組みや、ケアを行うロボットの仕組みは、いずれも人工知能などの先端技術で実現されています。この人工知能もすべてプログラムで動いており、実現するためにはとても膨大な情報が必要です。例えば、写真からガンを識別するためには、「何がガンであって、何がガンでないか」を理解するためのたくさんのデータが必要になります。これらをもとに学習し、ガンである確率を導き出す仕組みになっています。このように、多くの学習データから、コンピュータ自身がその特徴を見いだし、分類していくものを「深層学習（ディープラーニング）」と呼んでいます。

以上のとおり、大量のデータを学習させるためのプログラムや、学習の結果をもとに推論を行うプログラムが開発されたことで、医療やケアにも利用されるようになりました。

交通システムの全自動化は、もうすぐそこ？

皆さんは、通信販売を利用していますか？　現代の社会にはインターネットが浸透し、ネット通販が多く利用されています。しかも、注文をした翌日はもちろんのこと、当日、さらには2時間以内に届けてくれるサービスも登場しました。これは、インターネットの定着だけではなく、物流のスマート化によって実現されてきました。

例えば、物流を担うトラックすべての位置情報を把握して、配達する荷物に従って最適なコースを選択することはもちろんのこと、どのタイミングで集荷を行えばよいかといった判断も、自動化されてきています。これらは、次の3つの実現により可能になっています。

1. すべてのトラックの位置情報を取得できるようになったこと
2. 地図情報が正確になったこと
3. 地図上の混雑・渋滞情報がリアルタイムに取得できるようになったこと

システムが、トラックの積み荷の情報と位置情報をリアルタイムで取得します。正確な地図情報により、最適な経路を導き出して、配送者に経路情報を提供します。そして、渋滞を避けるためにリアルタイムに交通情報を参照して、その経路も修正されます。トラックの持つ情報と、地

図の情報とを照らし合わせて物流をスマートにする技術、これらもすべてプログラムによって実現されています。

　また、自動運転技術についてもニュースで見かけたことがあるでしょう。車の前に障害物が現れたときに自動的に停止する仕組みが実用化されてきています。道に沿って、目的地まで自動的に車が運転してくれる「自動走行」の試験も始まっています。先ほどの経路の最適化と、自動運転技術を組み合わせると、さらに効率的な物流の時代がやってくるでしょう。

やがて、プログラムが世界を制御する？

　ここまで、都市における大規模なプログラムがどのように実現されているかを見てきました。

　ゲーム機やパソコンがプログラムによって制御され動いていることは、もともと皆さんも理解していたことでしょう。ですが、皆さんの命を預かる医療機器や都市自体を制御するインフラまでもが、プログラムによって制御されています。

　今後も、プログラムによってより便利な社会となっていくことは間違いないと考えられます。将来的に、IT を活用しない社会は存在しないと言っても過言ではありません。こういったことを鑑みても、プログラミング的思考を学び、子どもたちが論理的な考え方を身につけていくことが重要になります。

　とは言え、このままプログラム化が進んでいくと、映画「ターミネーター」の世界のように、人工知能が人間を相手に戦争を行うようになるのではないか、といった危惧を持たれる方もいらっしゃるかもしれません。人間を支援するために生まれた機械が、プログラミングによって、やがて人間自身を管理してしまうのではないでしょうか。

　実際、そのような警告を発している研究者もいますし、そういった懸念はなくなることはないでしょう。人間が設計・開発しているものですから、そこに悪いことを考える人がいれば、たった1人の力でも、都市を自由自在に制御できる可能性があります。

　結局のところ、人間がどのように道具を利用するかによって、それは良いものにも悪いものにもなります。プログラミングによって実現できることをよく見極め、人々が協力をすることで、安全で安心な、便利な世界を作っていけるものと信じています。私たちは、プログラムでできることを理解し、子どもたちにそれを安全に正しく利用してもらうよう、教育していく責任があります。

　次章では、保護者の方からお子さまへ、どのようにして安全にコンピュータを利用していくか伝える教育についての必要性や、適切な教材を紹介します。

第**4**章

親子でプログラミングをやってみよう！子どもの好奇心をくすぐる進め方

平初

本章では、親子でプログラミング学習を行うにあたり、親としての向き合い方や、子どもに興味を持ち続けてもらう方法をご紹介します。また、安価に調達できる教材として「IchigoJam」という教育用コンピュータを取り上げ、入手方法からセットアップの方法まで解説します。まずは IchigoJam やキーボードに触れていただくことが本章の目的です。

4.1 「論理的思考」より「子どもの好奇心」——親子のプログラミング学習で心得ておきたいこと

2020年からのプログラミング授業必修化。その目的や是非をめぐっては、さまざまな議論が起こりましたが、「では大人はどうやって子どもに教えるべきか？」といった疑問には、あまり触れられていません。そこで本章からは、IT業界で活躍するお父さんエンジニアが自身の子どもにプログラミングを教える試行錯誤の過程を追います。まずはプログラミングを教えるにあたっての心構えを紹介します。

息子たちのために、IT業界にいる父ができること

はじめまして、平と申します。外資系ソフトウェア企業で、いわゆるテクニカルセールスをしています。以前は、SE（システムエンジニア）として働いていた経験もあります。

私には5歳と2歳の息子がいます。同じ職業についてほしいという期待は、あまりしないようにしていますが、おそらく息子2人はIT業界に進むでしょう。もし違う職業にたどり着いたとしても、プログラミングの知識と考え方は何かしら役立つはずです。使い手ではなく作り手として、ものづくりを楽しく続けられるように、早くからプログラミングを教えたいと思いました。

ここからの章の内容は、私自身がプログラミングと向き合い、自分の息子に対してプログラミング教育を行った記録であり、まさに現在進行形の話です。5歳の子どもにプログラミングを教える上で効果的だと感じる教材と巡り合うことができなかったので、教材から書き下ろすことにしました。私の息子は5歳ですが、小学校低学年のお子さまや、初めてプログラミングに触れる小学校高学年のお子さまにも活用できると考えています。ですので、本書がこれから子どもにプログラミングを教える保護者の方や先生方の際の参考になれば幸いです。

教材選びは、大人が学習する手間も考慮して

今回は題材として1,500円で買えるコンピュータのIchigoJam[注1]と、プログラミング言語のBASICを選びました。

BASICについては、私自身が子どもの頃に最初に触った言語であることも選定理由の1つです。また、シンプルで直感的なプログラミング言語であり、1980年代からコンピュータに触れた大人であれば少しは知っているはずです。かくいう私もNEC PC-9801という国民的なコンピュータで最初に触れたプログラミング言語が、N88-BASICでした。そういった意味でも、大人が学習する時間的なコストは最小限で済むことでしょう。

今ではWindowsやOffice製品、また最近ではクラウドサービスのAzureを提供しているMicrosoft社も、創業時には、マイコン向けにBASICを開発する会社だったりします（Wikipediaの「Microsoft BASIC」[注2]を参照）。

注1）https://ichigojam.net/

注2）https://ja.wikipedia.org/wiki/Microsoft_BASIC

● IchigoJam

　そして、日本にはIchigoJamという子ども向けの教育用コンピュータがあります。とても安価に販売されていて、商品の入手性もよいのが特徴です。

　普段仕事で使っているノートパソコンを子どもに使わせると、勤務先のセキュリティポリシーに違反する場合もありますし、壊されては大変です。IchigoJamは子ども向けに作られていますので、多少手荒に扱っても故障する可能性は低くなっています。もし壊れたら、もう1台買ってあげてください。

　ここから記すことには、実際に自分の息子と試してみた内容と同時に少し持論が含まれております。皆さんのお子さまの性格や年齢、興味関心によっても異なりますので、各自アレンジして実践してみてください。

幼児のプログラミング教育に論理的思考なんて不要

　実践に入る前に、プログラミングを教えるにあたって重要なポイントを考えてみましょう。

　プログラミング教育と一緒に語られることが多い「論理的思考」ですが、幼児期にプログラミングを教える上では不要です。

　論理的思考よりも、まずはプログラミングが面白いと思ってくれることが重要だと考えます。そして、親が付き添ってさらに想像力を膨らませてあげることがとても重要となるでしょう。

　皆さんは日本語を覚えるのに論理的に覚えたでしょうか？　人は生まれてから周囲の大人からの言語情報を蓄積して、そこにルールを見いだしてきたことでしょう。そしてどうやって覚えたのか覚えている人は少ないでしょう。この言語習得能力は、だいたい6歳までがピークで思春期を迎えるまでに失ってしまうそうです（酒井邦嘉『言語の脳科学—脳はどのようにことばを生みだすか』より）。

大切なのは子どもの好奇心です。好奇心が強ければ、電車の名前や都道府県の形、国旗と国名など、子どもは何でも覚えてしまうものです。わが家の2歳の息子は、歴代の新幹線の名前を全部言えてしまいます。

そこで、プログラミングにおいても、音や光やキャラクターなど興味を示すところからきっかけを作って進めていくとよいでしょう。例えば、音が好きならば圧電サウンダ（圧電スピーカー）と呼ばれる部品を1つ使えば、IchigoJamでおもちゃの電子オルゴール程度の楽曲は鳴らすことができます。光るものが好きならLED（Light Emitting Diode：発光ダイオード）とCRD（Current Regulative Diode：定電流ダイオード）と呼ばれる部品を3つずつ買ってくれば、IchigoJamで信号機を作ることもできます。

子どもの集中が続く30分が目安

幼児期において自我が目覚めると、その日の予定を自分で考えるようになります。

例えば、休日だと「朝食事をしてパパと公園に行って、帰ってブロック遊び、昼ご飯を食べたらバスに乗って近所のモールにTシャツを買いに行く」といった具合に、自分中心ではありますが予定を考えて朝から説明してくれます。そこで大人が割り込みを入れることは、子どもの予定を壊してしまいます。

プログラミングは気分が向いたときにやらせましょう。そして少しずつ。幼児の集中力が続くのは30分程度です。親がデモをしてあげて、子どもが理解する。そして子どもが親のまねをしてみたくなったら、やらせてみましょう。1セクションは30分程度で終わるようにします。また、アンコールがあったら、そのセクションを何度でも繰り返します。興味を示さないセクションは後回しにしても構いません。

プログラミング学習とは模倣の集合である

幼児期の学習が大人の模倣の集合であると同じく、プログラミング学習も模倣の集合であると私は考えています。

大人になってからプログラミングを習得した方も、IT関連書籍、特にプログラミング書籍では、書籍に載っているプログラムのソースコードを入力することを「写経」と呼びます（昔は「打ち込み」とも言っていました）。つまり、先人たちが作ったプログラムを一言一句ひたすら入力するのです。最初は意味を知る必要はありません。正確に入力してプログラムが動けばよいのです。仕事でプログラマーをしている人は、少なからず、この段階を踏んでいることでしょう。

繰り返しますが、プログラミング学習とは模倣の集合です。プログラミングをしていると、何種類かの書き方のパターンが出てきます。そのパターンを右脳で処理している人も少なくないでしょう。私はどちらかというと右脳派なので、長いプログラムを書く場合には、ソースコードのパーツを図形として認識しています。「(」と「)」や「{」と「}」、「<」と「>」などの括弧で挟む記述がよく使われますが、この括弧で囲まれたソースコードの塊をパーツとして考えます。

本書ではそこまで本格的なプログラミングは行わない方針なので、身構える必要はありません。「模倣」だと理解した上で、子どもに教える際にはまねしやすく、ゆっくりと見本を見せるといった工夫が必要です。

4.2 子ども向けパソコン「IchigoJam」どこで買う？〜はじめてのプログラミングキット購入とセットアップ

　前節では、プログラミングを教えるにあたっての心構えや、準備するものについて解説しました。しかし、「機器はどこで買えばいいの？」「どうやって設定すればいいの？」など疑問がわき出て、プログラミングをスタートする前に気が遠くなってしまう方もいるのではないでしょうか。そこで本節では、「IchigoJam」の入手方法や、使い方を詳しく見ていきます。

IchigoJamはどこで買えるの？　最低限必要なキットをそろえる

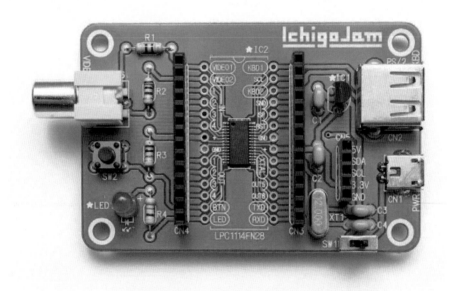

● IchigoJam ケースから取り出すとこんな感じ

IchigoJamは、主にインターネットによる通信販売で入手できます。そのほかの必要機器を含めて、最低限以下の5点を用意する必要があります。最後のテレビはリビングにあるものでもちろん結構です。

- IchigoJam本体
- PS/2規格対応のUSBキーボード（日本語配列）
- microUSBの電源アダプター
- コンポジットAVケーブル
- テレビ（コンポジット入力対応）

● IchigoJamを動かすのに必要な一式

IchigoJamの本体は、IchigoJamのプリント基板の販売・卸を行っているPCN（プログラミング クラブ ネットワーク）がWebサイト[注3]とAmazon.co.jpで販売しています。

また、PCNの直営店「PCNフラッグシップ秋葉原」が秋葉原駅前にあります。インターネットでの購入が不安であれば、こちらを訪れるとよいでしょう。未完成品のプリント基板と部品の詰め合わせの完全組み立てキットが税抜き1,500円で販売されています。また、組み立て済みの完成品や、アクリルケース、和音の演奏やカラー表示が可能になるPanCake[注4]や、Wi-Fiでのネットワーク通信を可能にするMixJuice[注5]などのオプションキットも販売されています。

注3) http://pcn.club/products/
注4) http://pancake.shizentai.jp/
注5) http://mixjuice.shizentai.jp/

実際に私も撮影用の完成品を1つ買いに行ったのですが、店員が親切でわかりやすく教えてくれました。IchigoJamは過去にマイナーチェンジを行っているのですが、プログラムは共通のものが動きます。執筆時の2018年2月現在、最新のモデルは「IchigoJam T」という製品です。

PCN フラッグシップ秋葉原

- 営業時間：10:00 〜 18:00（不定休）
- 住所：東京都千代田区外神田 1-14-2（旧秋葉原ラジオストアー 1F）
  ※ JR 秋葉原駅電気街口から徒歩 1 分
- URL ：http://pcn.club/shop/akiba/

ちなみに、IchigoJam のライセンスを管理している jig.jp からライセンス提供されている、aitendo の「ai.Jam」と呼ばれる互換品も購入できます。ただし、ai.Jam は IchigoJam 公式サイト[注6]からファームウェアを入手し、自分で書き込む必要があります。

---

aitendo

- 営業時間：13:00 〜 19:00（定休日：月曜日・木曜日）
- 住所：東京都台東区上野 3-3-8 ワイゼムビル 3F
  ※ JR 秋葉原駅から徒歩 5 分、銀座線 末広町駅から徒歩 3 分
- URL ：http://www.aitendo.com/

また、次の URL にアクセスすると、IchigoJam を持っていなくても Web ブラウザ上で IchigoJam と同じ BASIC を試すことができます。

IchigoJam web by WebAssembly

- URL ：http://fukuno.jig.jp/app/IchigoJam/
  ※ Firefox と Google Chrome にて動作確認が取れているようです。

IchigoJam 向けのキーボードを用意する

IchigoJam では「PS/2 規格」と呼ばれるキーボードが必要です。キーボードを選ぶ際には、コネクター形状に注意してください。

注6) https://ichigojam.net/

IchigoJamとIchigoJam UまではコネクターでもPS/2だったのですが、最近のIchigoJam TではUSBコネクター形状でPS/2規格対応のUSBキーボードでなければなりません。製品情報に「USB接続でもPS/2接続でも使用できます」「PS/2変換コネクター付属」などと書いてあれば大丈夫です。PS/2からUSBへの変換アダプターでも可能です。なお、USBからPS/2への変換アダプターを使った場合には、IchigoJam Tでは使うことができません。
　また、古いパソコンについてきたUSBキーボードでIchigoJamに差し込んでみて動けば、何でも使えます。今回は息子の手に合うサイズの、コンパクトタイプのキーボードを用意しました。サンワサプライの有線キーボードSKB-KG3BKN[注7]という商品です。

IchigoJamをテレビにつなぐには

　さて機材がそろったら、まずはIchigoJamをテレビにつなぐところからスタートです。簡単ですので親子でやってみましょう。
（1）IchigoJam本体にUSBキーボードを差し込みます。

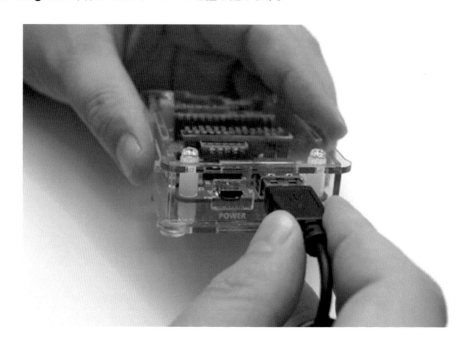

（2）そして、コンポジットAVケーブルをIchigoJamのコンポジット端子とテレビのコンポジット端子（入力）に挿します。

注7) https://www.sanwa.co.jp/product/syohin.asp?code=SKB-KG3BKN

4.2 子ども向けパソコン「IchigoJam」どこで買う？〜はじめてのプログラミングキット購入とセットアップ

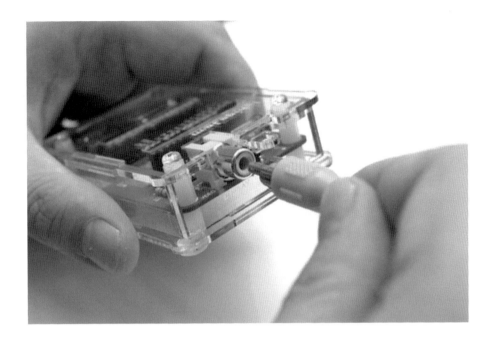

（3）最後にmicroUSBの電源アダプターをIchigoJamのmicroUSB端子に挿して電源を入れます。

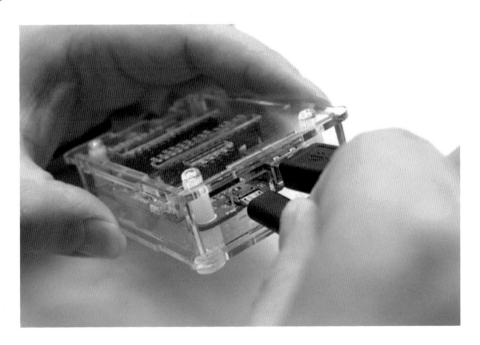

昔々のコンピュータと同じく、IchigoJamにはOS（WindowsやmacOS、Androidなど）が入っていません。ROMと呼ばれる記録装置からBASIC実行環境（BASICを動かすための環境）を起動します。ちなみにIchigoJamの基板上にある黒い小さなチップ1つでCPUとROMを兼ねています。

43

IchigoJam が起動してきたら、テレビに次のような画面が出てくるでしょう。

出てこない場合には、もう一度電源アダプターやテレビとの接続を確認してみましょう。

IchigoJam に慣れる

● IchigoJam に触る息子

4.2　子ども向けパソコン「IchigoJam」どこで買う？～はじめてのプログラミングキット購入とセットアップ

　次に、IchigoJam に接続されたキーボードに慣れる練習をしましょう。

　IchigoJam は適当にキーボードを押しても壊れることはないので安心してください。わからなくなったら電源スイッチを OFF にして、最初からやりなおしてください。

　まずは、数字で１２３４５６７８９０と順番に押してみます。画面に数字が表示されるはずですが、何も出てこない場合には、もう一度キーボードとの接続を確認してみましょう。

　そして次に英字でＡＢＣＤＥＦＧと順番に押してみましょう。Shift キーと同時に英字を押すと小文字が入力されますので試してみてください。

　次に絵文字を試してみましょう。IchigoJam では Alt キーと一緒に押すと出てきますよ。Alt キーとの同時押しで出てくる絵文字は、63 個用意されています。

- Alt ＋ D キノコっぽい宇宙人
- Alt ＋ V いちご
- Alt ＋ B おにぎり
- Alt ＋ J ヘリコプター

IchigoJam FONT(Original): CC BY IchigoJam(http://ichigojam.net/)
CC BY 製作 ふうせん Fu-sen. (志賀 慶一) イチゴジャム レシピ(http://15jamrecipe.jimdo.com/) 2016.05.04

● Alt キーと一緒に押すと出てくる絵文字のマッピング一覧

　座高の都合でキーボードとの高さが合わなかった場合、お子さまを膝の上に乗せ、二人羽織の要領でキーボードを一緒に押してあげるとよいでしょう。遊び終わったら特に何も気にすることなく電源アダプターから抜いていただいて結構です。次回のために、IchigoJam の電源スイッチは OFF にしておくとよいかもしれません。

　まずは自分でやったつもりになってもらい、楽しいと感じてもらうことが重要なので、キーボードを押す指も全部使わないで結構です。ホームポジションなどの細かいことは考えなくて大丈夫です。すべて人差し指でキーボードを押せばよいのです。

　次章では IchigoJam に簡単なプログラムを教えてみましょう。

45

第 **5** 章

お父さんが教える
プログラミング実践編

平 初

本章では、親子で簡単なプログラミングを行っていきま
す。実際に筆者が 5 歳の息子と取り組んだ内容です。子
どもの興味が持続する 30 分程度で区切られており、プロ
グラミングの前提知識があまりなくても理解できるよう
ステップバイステップで解説しています。親が読み聞か
せるようにプログラミングを行っていくので、親子で一
緒に少しずつ進めてみましょう。IchigoJam を使った簡
単なテキストコーディングを親子で実践していただくこ
とが本章の目的です。

5.1 IchigoJamを動かしてみよう

前章ではプログラミングを始めるための準備、IchigoJamの購入とセットアップについて学びました。本章からプログラミングを行いますが、前章で述べたとおり、子どもの集中が続く30分を目安として1節あたりの内容を短めにしています。この点を踏まえて、早速プログラミングを始めましょう。

IchigoJamにプログラムを教えてみよう

IchigoJamに電源を入れても黒い画面に「OK」と文字が出てくるだけで、私たちがプログラム（命令）を教えてあげないと何もしてくれません。「OK」は命令の入力をキーボードから待っている状態で、「プロンプト」と言います。

BASICで画面に文字や数字を表示するには、「PRINT」という命令があります。PRINT命令を与えると、文字列などを画面に表示できます。

数字の場合には、PRINTの後に半角スペースを入れて指定します。

● このように入力し、Enterキーを押すと

● 命令した数字123が表示されます

文字列を表示する場合には、PRINTの後、「"（ダブルクオート）」で文字列を挟む必要があります。深いことは考える必要はありません、お子さまにはIchigoJamとの約束だと教えてください。

● 文字の場合は " " で囲んで命令すると同様に表示される

また、命令の頭に番号をつけることで複数の命令を IchigoJam の記憶領域に覚えさせ、命令を順番に実行させることができます。

入力した命令の一覧は、「LIST」命令で画面に表示することができます。

そして、入力した命令を実行するには「RUN」とタイプしてみましょう。下の図のように表示されるはずです。「RUN」ではなく F5 キーを押しても実行されます。

また、NEW 命令を指定することで、IchigoJam に覚えさせた命令を消すことができます。

LEDを動かす命令を書こう

次はLEDを繰り返しON／OFFするプログラムを実行しましょう。

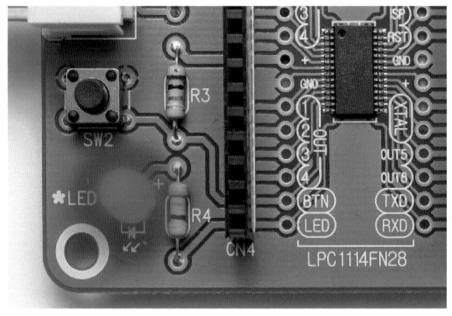

● IchigoJamのLED これを点滅させる

光る秒数などを命令することで、上の写真にあるLEDを点滅させることができます。

ここで登場するのが、「GOTO」命令です。これは特殊な命令で、「GOTO 番号」で指定した命令にジャンプします。今は意味など覚えなくて構いません。何も考えず次のとおり入力してみましょう。

● IchigoJam はじめのいっぽより

RUN命令を実行したところで、点滅が始まったかと思います。上記のプログラムでは、「LED」命令でLEDの点灯制御（1なら光り、0なら消える）を行い、「WAIT」命令で待ち時間を指定しています。「WAIT 60」は約1秒待つことを意味します。

　そうして、繰り返しLEDがON／OFFされます。これを繰り返し処理またはループと呼びます。RUNした後にプログラムを止めるにはEscキーを押しましょう。

　もし、お子さまがLEDなどの光るものに興味を示した場合、いろいろな色のLEDとCRD（定電流ダイオード：LEDに電気が流れすぎないように、一定の電流を安定して流せる部品）を何個か買ってきて、IchigoJamで信号機を作ってみると面白いと思います。信号機の部品がそろったキット[注1]も売っているようなので、こちらを活用してもよいでしょう。

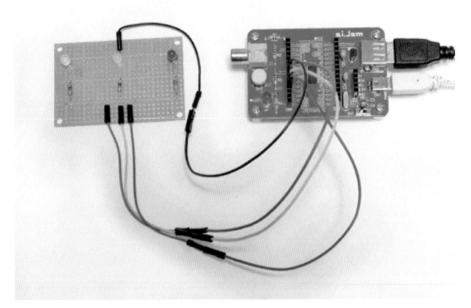

● IchigoJamで信号機を作る

　実際に、うちの息子と信号機を作って遊んでみました。日常では何気なく青から黄色、赤に変わるのを見ている信号機も、その動作の仕組みを子どもと一緒に考察し、どのようにしたら実現できるか考えてみると面白いでしょう。

5.2　IchigoJamでおにぎりを移動させてみよう

　本節ではIchigoJamで表示できる絵文字を使って、少し遊びの要素を入れたプログラミングをご紹介します。本節での目的は、画面上に動くもので興味を示してもらうことと、プログラムを1行変えただけでIchigoJamの動きが変わるのを認識してもらうことです。そこで、IchigoJamに登録されている絵文字のおにぎりを画面上で移動させてみたいと思います。

注1) http://blog.digit-parts.com/archives/51966824.html

おにぎりを移動させるプログラム～まずは入力してみよう

まず、IchigoJam に何かプログラムを実行させている場合、IchigoJam に以前のプログラムを忘れてもらうために前節で紹介した NEW 命令を実行してください。電源スイッチの OFF/ON でも構いません。

リセットできたら、次のようなプログラムを入力してみましょう。細かい説明は後で行っていきます。

```
10 CLS
20 LOCATE RND(32),RND(24)
30 PRINT "🍙";
40 WAIT 60
50 GOTO 10
RUN
```

● 30番目のおにぎりの絵文字は、Alt キー＋ B で入力できます

このように入力し実行すると、おにぎりの絵文字が画面上でランダムに動きます。

● ランダムな位置に表示されては消え、また別の位置に現れるおにぎり

次に少しだけプログラムをいじってみましょう。まず Esc キーを押してプログラムを停止します。

そして、30番目の PRINT 命令に与える絵文字を、好きな絵文字に変更してみましょう。絵文字の一覧表は前章を参照してください。

● ヘリコプターの絵文字は、Alt キー＋ J で入力できます

　この場合プログラムを止めた後、いきなり 30 からはじめて PRINT 命令を記述して構いません。そうすると 30 番目だけが書き換わります。念のため、LIST 命令で変更されていることを確認してから実行してみましょう。

　いかがでしたでしょうか？　動く絵文字が、おにぎりからヘリコプターに変わったはずです。

お父さんたちのための、ちょっと詳しい説明～ CLS ／ LOCATE 命令

　子どもから質問を受けるかもしれないので、お父さん、お母さんのためにプログラムについて少し説明を加えましょう。

　10 番目の CLS 命令は、「**画面を黒で塗りつぶして文字などを消去**」する指示です。20 番目の LOCATE 命令は、「**文字を表示する座標点を変更**」するための指示になっています。RND(32) は 0 ～ 32 未満の整数、RND(24) は 0 ～ 24 未満の整数を指定しています。つまり、画面上のどこかランダムな座標点に、繰り返し文字を表示する命令になっているのです。

　30 番目の PRINT 命令には「;（セミコロン）」がついていますね。これは PRINT 命令の出力の後に改行を行わないことを意味します。

　ここまででお子さまが興味を示したら、最後に次の問題を一緒に考えてみてください。

　「ヘリコプター 1 つではなく画面上にたくさん出てくるようにするには、どのようにプログラムをいじるといい？」

　答えは、「10 番目の CLS 命令で毎回画面を消すのをやめる」です。50 番目の GOTO の戻り先を 20 に書き換えてみましょう。

第5章　お父さんが教えるプログラミング実践編

```
50 GOTO 20
LIST
10 CLS
20 LOCATE RND(32),RND(24)
30 PRINT "🚁";
40 WAIT 60
50 GOTO 20
OK
```

　プログラムを実行してみるとどうなりましたか？　ランダムに決まった座標点にヘリコプターが飛び回ると思います。

　うちの息子も、表示される絵文字をいろいろと変更して楽しんでいました。今回のポイントとしては、「プログラムを少し改造するとプログラムの動きが変わる」ことを体感してもらうことが重要です。

5.3　IchigoJamで数をかぞえてみよう

　本節では、IchigoJamで数をかぞえてみます。IchigoJamは賢いので、数字をたくさん覚えることができます。足し算や引き算も得意です。今回も短時間でできるプログラムですので、早速やってみましょう。

IchigoJamの箱、「変数」を使ってかぞえよう

　人は子どもの頃は、数をかぞえるときに指を使います。しかし成長したら指を折らなくてもかぞえられるようになりますね。それはなぜかと言うと、頭の中に数字を覚えておく「箱」があるからです。

　数をかぞえるということは、足し算で1を足し続けることの繰り返しです。ですので、1を足す前の元の数字と、足した後の数字を、両方頭に入れておく必要があります。これはIchigoJamでも同じことが言えます。

　数をかぞえるときは、IchigoJamの中にも箱を用意する必要があります。これをIchigoJamでは「変数」と呼びます。変数の中には、数字（数値）だけでなく文字もしまっておくことができます。

54

5.3 IchigoJamで数をかぞえてみよう

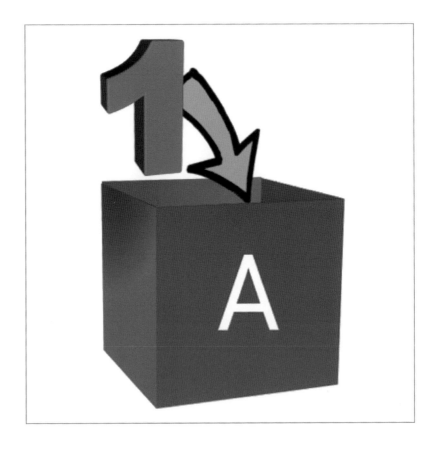

例えば、A という箱、変数 A に 1 をしまっておきたい場合、次のように実行します。

内容を確認するには PRINT 命令を使います。

55

また、ずっと数をかぞえ続けるには、次のプログラムを入力してみましょう。

実行してみると、どうでしょうか？　数字が1つずつ増えていくはずです。

IchigoJamの限界値

　IchigoJamが扱える数字の範囲は、マイナス32768から32767です。これを超えると正常な値を返しません。
　ですので、数字が増え続けても「32767」の次には「-32768」と表示されるはずです。これを「オーバーフロー」と呼びますが、今は覚えなくても結構です。
　10番目を A=30000 に変更してプログラムを実行すると、オーバーフローする瞬間を簡単に見ることができます。

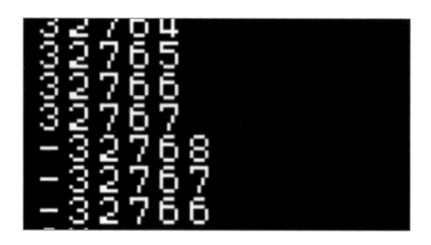

　IchigoJamの変数は、これ以上かぞえることはできません。

数を減らすには

　では、最後に数を減らすプログラムを変更にするには、どうしたらよいでしょうか？　お子さまと一緒に考えてみてください。
　20番目を「A=A-1」という具合に変更し、引き算で1を引き続けるようにすればよいですね。

わかりやすくするには、Aを1やマイナスの値などではなく、A=30000 ぐらいの大きな数字にするとよいでしょう。

それでは、次のようにプログラムを変更してみましょう。

```
10 A=30000
20 A=A-1
```

LIST命令で確認すると、以下のとおりです。

```
LIST
10 A=30000
20 A=A-1
30 PRINT A
40 GOTO 20
OK
```

確認できたら、RUNで確認してみましょう。

いかがでしょうか？ 数字が減り続けるのを見ることができたかと思います。

今回紹介した箱の考え方は、プログラミングにおいて、とても重要です。これを理解してくれるとプログラミングの幅が広がっていきます。

お子さまが興味を示したら創意工夫をして、興味をさらに伸ばしてあげてください。例えば、WAIT命令で1秒ずつ数字を表示してカウントダウンする3分タイマーを作ってみると面白いでしょう。

5.4 本体のボタンを押してみよう

IchigoJamにはLEDの近くにSW2と書かれた黒いボタンがあります（58ページを参照）。このボタンは電源ボタンではありません。通常は押しても何も動作しません。IchigoJamのプログラムから操作できるボタンなのです。別名「タクトスイッチ」と言います。ではボタンはどのように使うのでしょうか？ 今回はその使い方とできることを見ていきます。

ボタンを操作する命令を入力しよう

まず、IchigoJamに何かプログラムを実行させている場合、IchigoJamに以前のプログラムを忘れてもらうためにNEW命令を実行してください。電源スイッチのON/OFFでも構いません。

リセットできたら、次のようなプログラムを入力してみましょう。細かい説明は後で行っていきます。

```
10 CLS
20 PRINT "OSHITE KUDASAI"
30 WAIT 6
40 B=BTN()
50 LED B
60 PRINT B
70 GOTO 10
RUN
```

このように入力し実行すると、画面上に「OSHITE KUDASAI」と文字が出ます。

お子さまはローマ字が読めないと思いますので、指で文字をなぞりながら読み上げてあげてください。そして、お子さまの指でボタンを押してみてください。

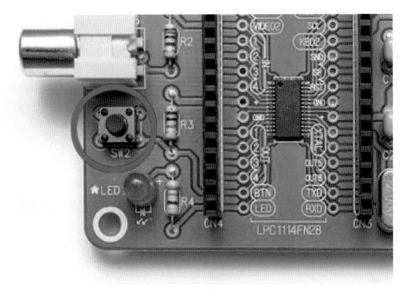

● 丸で示した黒いボタンを押してみましょう

いかがでしょう、IchigoJam の LED が光りましたか？

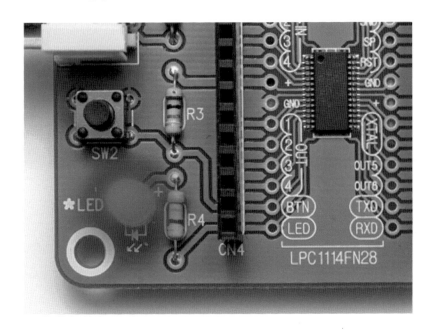

また、画面上にはボタンを押しているときは「1」、押していないときは「0」が表示されると思います。

第5章　お父さんが教えるプログラミング実践編

```
OSHITE KUDASAI
1
```

　ボタンの使い方が少しわかってきましたか？

　40番目で「B=BTN()」と指示すると、Bという箱（5.3節を参照）に0もしくは1が入ります。ボタンを押しているときは1、押していないときは0がBという箱に入ります。つまり、この結果を使って50番目でLEDを点灯（5.1節を参照）していたのです。60番目のPRINT命令でBの中身を画面に表示しています。

「もし○○したら、××する」〜IF文の話

　さて、IchigoJamが得意なのは計算だけではありません。条件ごとに違う作業をすることも得意です。これを「条件分岐のIF文」と呼びます。

　それでは、先ほど入力したプログラムを少し改造して、ちょっと違う動きのプログラムにしてみましょう。

　「もしボタンが押されたら、5秒間LEDを点灯する」といった動きをしてもらいたい場合、以下のように入力してみてください。

```
50 IF B=1 THEN LED 1:WAIT 300
60 LED 0
```

```
LIST
10 CLS
20 PRINT "OSHITE KUDASAI"
30 WAIT 6
40 B=BTN()
50 IF B=1 THEN LED 1:WAIT 300
60 LED 0
70 GOTO 10
OK
```

　LIST命令で確認してから、実行してみると、いかがでしょうか？　ボタンを押している間だけではなく、しばらくLEDが光りますね。

　今回の50番目ではBが1のとき、LED命令でLEDを点灯して、WAIT命令で5秒（300）待つ指示をIchigoJamに与えています。そして60番目でLEDを消灯します。

60

こういった動きで作れる身近なものをお子さまと一緒に考えてみてください。うちの息子は、押しボタン式信号機が作れそうだと教えてくれました。

ほかにも、IchigoJam には圧電サウンダのパーツが付属しているので、LED の部分を音楽に変えることで呼び出しベルやクッキングタイマーなども作れるでしょう。指定された時間だけ食べ物を温めるトースターや電子レンジなどの調理家電も、仕組みとしては同じようなプログラムで作れてしまいます。

次に「もしボタンを押されたら、数が増える」プログラムを作ってみましょう。NEW 命令で、いったんプログラムを消してから次のプログラムを入力してみてください。

```
10 K=0
20 CLS
30 PRINT "OSHITE KAZOERU"
40 WAIT 6
50 IF BTN() THEN K=K+1
60 PRINT "KAZU=";K
70 GOTO 20
RUN
```

実行した後に、IchigoJam のボタンを押してみてください。

押すたびに、数が増えていったと思います。

さて、ここでおさらいの問題です。IchigoJam は、いくつまで数をかぞえられるでしょうか？（5.2 節を参照）　ずっと押していれば、どこかで数字がおかしくなるタイミングがあります。

IchigoJam も、お父さんとお母さんが普段使っているパソコンもそうですが、コンピュータはかぞえられる数字の上限を超えるとオーバーフロー（桁あふれ）をします。この仕組みは、解説すると奥が深いので大きくなってから教えてあげてください。1つや2つわからない謎があったほうが、わくわくして楽しいでしょう。

5.5　IchigoJamで音を鳴らしてみよう

　前節では「LEDの部分を音楽に変えることで呼び出しベルやクッキングタイマーなども作れる」と述べました。IchigoJamを購入すると圧電サウンダ（圧電スピーカー）がキットの中に入っています。本節では、この圧電サウンダを使ってIchigoJamで音を鳴らしてみましょう。

IchigoJamで音を鳴らしてみよう

　まずは、圧電サウンダのセットから始めましょう。IchigoJamのチップの脇にある黒いピンソケットの右列にSND（SOUND）とGNDと書かれた穴があります。ちょうど上から4番目と7番目の穴です。圧電サウンダの片方をSND、もう片方をGNDに差し込みます。

5.5 IchigoJamで音を鳴らしてみよう

● 穴の左側にSNDとGNDの表記がある

　IchigoJamのPLAY命令を使うことで、ドレミファの音階で音を鳴らすことが可能です。このとき、MML（Music Macro Language）[注2]と呼ばれる表記を使うことでIchigoJamに再生させる楽譜を記述できます。

　「ドレミファソラシ」は、英語の音名で「ＣＤＥＦＧＡＢ」と表記します。手始めにPLAY命令で「ド」の音を鳴らしてみましょう。

　4分音符でドを鳴らしたい場合にはCの後に4を指定します。

　同じく2分音符でドを鳴らしたい場合にはCの後に2を指定します。

注2) https://ja.wikipedia.org/wiki/Music_Macro_Language

```
PLAY "C2"
OK
```

PLAY命令で、音が出ることは理解できたと思います。でも何か物足りないですね。

チューリップの歌を再生させる

童謡「チューリップ」の最初の4小節「ドレミ、ドレミ、ソミレド、レミレ」をMMLで表現すると、次のようになります。

```
PLAY "CDE CDE GEDC DED"
OK
```

実行してみるとチューリップの歌に聞こえますね。音の長さを指定しないとIchigoJamでは全部4分音符として再生されます。もっと正確なチューリップの歌に近づけるために、ドレミのミと最後のレを長くする2分音符を入れてみましょう。

```
PLAY "CDE2 CDE2 GEDC DED2"
OK
```

繰り返し再生するには

PLAY命令で入力した音を繰り返し再生させる場合に使える表記に「$」があります。これは、$以降の音を繰り返し再生する指示になります。

```
PLAY "$CDE2 CDE2 GEDC DED2"
OK
```

実行するといかがでしょうか？ チューリップの歌がずっとBGMのように繰り返しで再生されますね。

うちの息子は、「IchigoJamでクッキングタイマーが作れるね」と言っていました。IchigoJamから音が鳴ることでほかにも何が作れるか、お子さまと考えてみてください。

クッキングタイマーを作ってみよう

前節で説明した IchigoJam の本体ボタンと組み合わせて、ちょっと面白いクッキングタイマーを作ってみましょう。今回のプログラムは少し長いです。間違えないように全部入力してください。

特に 100 番目からは、本体ボタンを押した後の処理になっていますので注意してください。

```
10 CLS
20 PRINT "3PUN HAKARUYO. OSHITE
KUDASAI"
30 WAIT 6
40 IF BTN() THEN GOTO 100
50 GOTO 10
100 LED 1
110 PRINT "KAISHI"
120 WAIT 10800
130 PRINT "3PUN"
140 PLAY "G4A4B2A4G4 R G4A4B4A4G
4A2"
150 LED 0
160 GOTO 10
```

プログラムを実行した後に、本体ボタンを押してみましょう。するとどうなりましたか？　本体 LED が光ったと思います。そして 3 分間待ってください。IchigoJam からラーメンが食べたくなる音楽が流れてくるはずです。

5.6　IchigoJamで簡単なゲームを作ってみよう

ここまでは絵文字を動かしたり、圧電サウンダで音を鳴らしたりと、IchigoJam を使って子どもが興味を持つような実践を紹介してきました。本節では、簡単なゲームを作ってみます。

ゲームを作ると鍛えられるプログラミングスキル

「IchigoJam で結局やることはゲーム？」と思われた方もいるかと思います。

ゲームを作ることで条件分岐 (5.4 節を参照) や繰り返し実行 (ループ) など、プログラミングの基礎的な部分を習得することができます。これで数学に興味を持ったら、三角関数や微分積分、行列計算などもそのうち勝手に覚えてくれると思います。また、本格的に作ると次は慣性の法則や、万有引力の法則など物理の知識も必要になります。

あまりネガティブに考えず、お子さまが新しいことを吸収するきっかけとして、取り組んでみましょう。

キーボードのキー情報を取得するには

　今回はゲームを作る上で必要となる新しい命令として、キーボードのキー入力を取得する方法「INKEY()」を紹介します。キーボードのキーには1つ1つ「キーコード」と呼ばれる番号が振られています。

●表5.1　IchigoJamの主なキーのキーコード

キーコード（10進数）	意味	キーボード
8	バックスペース（カーソル位置手前1つ削除）	Backspace
10	改行	Enter
18	行頭	Home
19	ページアップ	Page Up
20	ページダウン	Page Down
23	行末	End
27	エスケープ	Esc
28	矢印キー左	←
29	矢印キー右	→
30	矢印キー上	↑
31	矢印キー下	↓
32	スペース	Space
127	デリート（カーソル位置直後1つ削除）	Delete

　INKEY()を使うことでIchigoJamから押されたキーを知ることができます。では、簡単なプログラムを作ってみましょう。

　実行した後に何かキーを押してみてください。例えばYを押すと「89」など、2桁の数字が表示されます。これがキーコードです。終了するにはEscキーでプログラムを止めます。
　今度は、もっと視覚的に楽しいものを作ってみます。NEW命令で初期化してから次のプログラムを入力してみましょう。

5.6 IchigoJamで簡単なゲームを作ってみよう

```
10 X=16
20 CLS
30 K=INKEY()
40 WAIT 6
50 IF K=28 THEN X=X-1
60 IF K=29 THEN X=X+1
70 LOCATE X,10:PRINT "🚁"
80 GOTO 20
RUN
```

● ヘリコプターの絵文字は、Alt キー＋ J で入力できます

　実行した後に矢印キーの左と右を押してみてください。どうなりましたか？

　画面の真ん中あたりに出現したヘリコプターが左右に移動すると思います。ちょっとゲームっぽい見た目になりましたね。Kの数字の28は矢印キーの左「←」、29は矢印キーの右「→」を意味しています。

オリジナルゲーム「バウンスレーザー」

　では、オリジナルゲームを作ってみましょう。レーザー光線を出して天井に当てて、宝箱に命中させるゲームです。

　まずはルールを考えます。宝箱は画面の右側のどこかにランダムに出現します。レーザーを出す場所は上下に動かせます。レーザーは天井に当てて、天井に当たると屈折して下に向かいます。宝箱を見つけたら"HIT!"と文字を表示して終了します。

　以下はプログラムです。細かいことは後で説明しますので、全部入力してみましょう。

67

第5章　お父さんが教えるプログラミング実践編

```
10 X=0:Y=8:P=20:V=-1:A=16+RND(14
):B=14+RND(8)
15 CLS
20 LC 0,0:PRINT "0000000000000000
000000000000000";
25 LC 0,23:PRINT "0000000000000000
000000000000000";
30 LC A,B:PRINT "☖"
35 K=INKEY():WAIT 6
40 IF K=30 AND Y>1 THEN Y=Y-1
45 IF K=31 AND Y<22 THEN Y=Y+1
50 IF K=32 THEN GOTO 100
55 LC X,Y:PRINT "／";
60 WAIT 20
65 GOTO 15
100 LC X,Y:PRINT "*";:WAIT 3
110 LC 0,10:PRINT "(X,Y)=";X,Y:P
RINT "(A,B)=";A,B
120 IF X=A AND Y=B THEN PRINT "H
IT!":WAIT 60:GOTO 10
130 IF X<30 AND Y<23 THEN X=X+1
ELSE GOTO 10
140 IF V=-1 AND Y<2 THEN V=1
150 Y=Y+V
160 GOTO 100
```

● 宝箱の絵文字は、Alt キー＋M で入力できます

　これで実行すると、レーザーポインター“／”と宝箱の絵文字が表示された、ゲームのスタート画面になるはずです。“／”は矢印キーで上下に動かすことができ、スペースキーを押すとレーザー光線＊＊＊＊を出します。これが宝箱にぶつかると“HIT!”と表示される仕組みです。

5.6 IchigoJamで簡単なゲームを作ってみよう

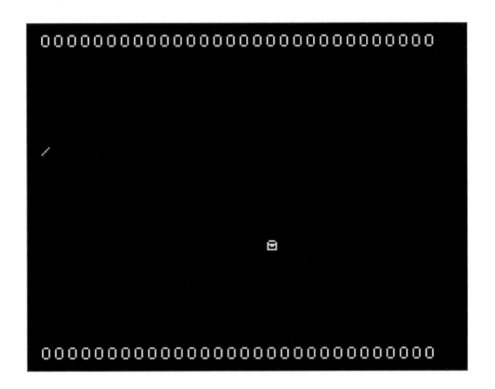

　では、ポイントとなる部分を解説していきます。
　20番目と25番目は天井と床を作っています。LC命令はLOCATEを短くしたもので、LOCATE命令と一緒です。天井と床には好きな文字を30個分表示します。

```
20 LC 0,0:PRINT "000000000000000
000000000000000";
25 LC 0,23:PRINT "000000000000000
000000000000000";
```

　30番目は宝箱を座標点(A, B)に置いています。

```
30 LC A,B:PRINT "▣"
```

　35番目から50番目はキー入力を処理しています。INKEY()は本節の最初で説明しました。
　Kの数字の30は矢印キーの上「↑」、31は矢印キーの下「↓」、32はスペースキーを意味しています。矢印キーの上と下で上下に移動しています。スペースキーが押された場合には100番目の命令、レーザー光線を出す処理に飛びます。

```
35 K=INKEY():WAIT 6
40 IF K=30 AND Y>1 THEN Y=Y-1
45 IF K=31 AND Y<22 THEN Y=Y+1
50 IF K=32 THEN GOTO 100
```

第5章 お父さんが教えるプログラミング実践編

55番目はレーザーポインターを表示しています。これは矢印キーで上下に動きます。

```
55 LC X,Y:PRINT "/";
```

100番目から160番目まではレーザー光線を出す処理です。レーザーの座標点(X, Y)が宝箱の座標点(A, B)と一緒になったときに「HIT!」と文字を表示します。

また、Yが2より小さくなった場合、天井にぶつかったので移動する方向を下に変更します。Xが30以上になったときには画面の外に行ってしまうので、最初の10番目に戻ります。

```
100 LC X,Y:PRINT "*";:WAIT 3
110 LC 0,10:PRINT "(X,Y)=";X,Y:P
RINT "(A,B)=";A,B
120 IF X=A AND Y=B THEN PRINT "H
IT!":WAIT 60:GOTO 10
130 IF X<30 AND Y<23 THEN X=X+1
ELSE GOTO 10
140 IF V=-1 AND Y<2 THEN V=1
150 Y=Y+V
160 GOTO 100
```

ゲームを改造してみる

次にゲームにスコアをつけてみましょう。宝箱に当たるたびに100点もらえることにします。

ここでスコアをかぞえる箱が必要になります。Sという箱を用意します。実行したプログラムを消さずに、以下の3行を入力してください。5番目でスコアの箱のSを用意して、31行目でスコアを表示します。そして120番目を変更してヒットしたときにSに100ずつ足しています。

```
5 S=0
31 LC 18,1:PRINT "SCORE ";S
120 IF X=A AND Y=B THEN PRINT "H
IT!":WAIT 60:S=S+100:GOTO 10
```

ヒットすると、SCOREに100点加わり表示されます。

70

プログラムを保存する

　今回は、とても長いプログラムを入力しました。IchigoJamの電源を切ると消えてしまいます。でも、実はIchigoJamのプログラムは記憶できるので安心してください。プログラムを記憶するにはSAVE命令を実行します。SAVE命令の後には0～3までの数字を指定します。
　そうすることでIchigoJamは4つまでのプログラムを記憶してくれます。例えば、記憶領域の1番目にプログラムを記憶する場合には、次のようにSAVE命令を実行します。

```
SAVE 1
Saved 588byte
OK
```

　プログラムを呼び出す場合には、今度はLOAD命令を実行します。LOADの後の数字を省略した場合、0番のプログラムを呼び出します。そうしてRUN命令を実行してみてください。

第5章　お父さんが教えるプログラミング実践編

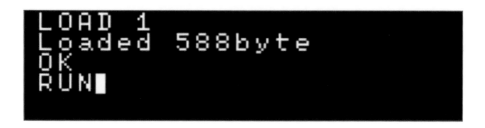

どうなりましたか？　保存したゲームが再び動いたと思います。

これで、IchigoJamで作ったプログラムを次の日に変更する場合でも大丈夫ですね。

ゲームを作ることに興味を示したら

お子さまがゲームを作ることに興味を示したら、こちらをご紹介ください。PCNの特集ページに「Danbun Games for IchigoJam のサンプルプログラム[注3]」というコーナーがあります。ここにあるゲームは短い行数で楽しめるのでよいでしょう。

IchigoJamでゲームばかり作られても困ると思われた方もいるかもしれません。経験上、おそらく数日間で飽きると思いますので、好きにさせてあげてください。プログラミング自体に興味を持ち続けてもらうのが大切です。

5.7　「子どもの好奇心」で無限に広がるプログラミング

本章では自身の子どもにプログラミングを教える試行錯誤の過程をお届けしてきました。本書のもととなった連載を執筆している途中で息子の誕生日を迎え、春から進学する小学校も決まりランドセルも届きました。本章の最後に、これまでの実践を踏まえた次のステップと、ステップアップに役立つ情報をご紹介します。

次に何をしたいか考えてみよう

執筆を通じて私自身がプログラミングと向き合い、息子に対して効果的にプログラミングを教えるためにはどうすればよいのか考えることで、自分自身も成長させてもらったと感じています。

うちの息子は、身の回りのものはだいたい自分で作れると思ってくれたようで、いろいろと相談してくれるようになり、親子の会話も増えました。

息子から「IchigoJamとセンサーでサンタ発見機を作りたい」と相談受けたときには少し困りましたが、幸いにもクリスマスイブの夜だったので、秋葉原まで買いに行かされずに済みました。きっと来年は赤外線センサーとスピーカーをねだることでしょう。サンタが捕獲される日も近いかも……。

注3) http://pcn.club/sp/diprogram/

5.7 「子どもの好奇心」で無限に広がるプログラミング

IchigoJamでもっと遊ぼう！　おすすめの情報源

　ここまでIchigoJamできることをいろいろと取り上げてきましたが、それでもほんの一部しか紹介できていません。今回は、算数も少ししかわからない5歳の息子に教える、というシチュエーションだったので、難しい数式は使えませんでした。また、FORループやサブルーチンなども使っていません。そこで、IchigoJamのプログラミングに興味を持ってくれた、少し複雑な論理もわかる小中学生ぐらいのお子さま向けに、おすすめのサイトをいくつかご紹介します。

　IchigoJamを作られた福野泰介さんのブログ「福野泰介の一日一創[注4]」に、IchigoJamで始めるプログラミングの連載「プログラミングってなに？ / はじめてのプログラミング、小3からはじめるプログラミング[注5]」があります。福井県鯖江市の広報誌にも掲載されていたようです。挿絵も可愛くて子どもウケがよさそうです。

　有志のふうせんさんが運営されているサイト「イチゴジャム レシピ[注6]」も、IchigoJamの情報がまとまっていておすすめです。拡張ボードの使い方も解説されていて参考になります。

　4.2節でも紹介したIchigoJamの販売を行っているPCN（プログラミング クラブ ネットワーク）の公式サイト[注7]は定期的に確認するとよいでしょう。PCNが主催するプログラミングコンテスト「PCNこどもプロコン[注8]」の情報も、ここで告知されます。また、PCNではプログラミング教室や親子向けプログラミング講座、先生向けプログラミング講座なども行われているようです。

　本章では詳しく取り上げませんでしたが、IchigoJamは電子工作にも利用できます。センサーを取り付けたり、ボタンを追加したりすると工作の幅も広がります。Wi-Fiで通信ができるボード「MixJuice[注9]」と組み合わせると、ネットワーク越しでほかのコンピュータとデータのやり取りを行うこともできます。また、モーターの制御を行う「MapleSyrup[注10]」と組み合わせるとロボットの制御も行えます。

次はロボット？　6歳になった息子の好奇心

　当時5歳だった長男は、IchigoJamを通じてプログラミングの楽しさと、ものづくりの楽しさに目覚めたようで、Maker Faire Tokyo 2017の会場で見たロボットに興味を示すようになりました。

　EdTechZineのMaker Faire Tokyo 2017のレポート記事[注11]でも紹介されていた、タミヤのカムプログラムロボットを買い与えて正月休みに一緒に作りました。ちょっと早いかなとも思いましたが、ミニ四駆とかは一緒に作った経験がありますので「子どもの好奇心」を尊重したいと思います。

注4) http://fukuno.jig.jp/

注5) http://fukuno.jig.jp/704

注6) https://15jamrecipe.jimdo.com/

注7) http://pcn.club/

注8) http://pcn.club/contest/

注9) http://mixjuice.shizentai.jp/

注10) http://maplesyrup.shizentai.jp/

注11) https://edtechzine.jp/article/detail/263

第5章 お父さんが教えるプログラミング実践編

● タミヤのカムプログラムロボット（著者撮影）

　プラモデルの延長線で本格的なロボットが作れる点は非常に画期的ですが、説明書を読みながら感じたこととしては、大人がアシストしないと相当難しいです。
　特に走行モーターのギアボックスの組み立ての部分は大人の手伝いが不可欠です。

● ロボットを組み立てる著者の息子

少し改造が必要ですが、比較的簡単にIchigoJamを載せることができます。

ただし、完全にバッテリー駆動で動かすには技量が必要になります。モバイルバッテリーにも使われているリチウムポリマー電池は電圧が3.7Vなので、IchigoJamを動かすには昇圧回路を組まないと動かせません。また、モバイルバッテリーを直接つないだ場合にはロボットの中に収まらず固定するのが困難です。

カムプログラムロボットの移動速度は遅いので、無理せず長めのmicroUSBケーブルを用意すれば不都合は出にくいと思います。

● カムプログラムロボットにIchigoJamを搭載

息子たちのために、IT業界にいる父ができること

本書のもととなった連載記事にあたっては、同じくEdTechZineで連載されている阿部さん[注12]がきっかけを与えてくれました。IT業界で働く、子を持つ父として、自分が何ができるか考えるよい機会だったと思います。

また、執筆にあたってたくさんの、子ども向けプログラミングの本を買いました。まずは大人が勉強する姿勢が必要だと思います。子どもは親の姿を見て育つと昔からよく言いますが、まさに親が真剣に伝えようとする姿勢が必要です。昔を懐かしみながらIchigoJamでBASIC学びなおしてみると、意外と大人もハマります。

子どもが適切なタイミングで興味を持つように促して、楽しみながら自主的に学んでいくのを親が助けるスタイルがよいでしょう。前章の冒頭でも書きましたが「プログラミング学習とは模倣の集合である」、この一言に尽きます。

注12) https://edtechzine.jp/author/20/

第5章　お父さんが教えるプログラミング実践編

　プログラムを繰り返し打ち込み、誰かが書いたプログラムのソースコードにたくさん触れて、それが自身の糧となっていきます。ライセンスと著作権についての教育も適切なタイミングで行うとよいでしょう。そのうちオープンソースソフトウェアという言葉にたどり着いてくれたら、お父さんは嬉しいです。

第6章

子どもが「プログラミングを
やりたい」と言い出したら？

——中学校・高等学校でのプログラミング教育

阿部 崇

ここまで、2020年から小学生向けに導入されるプログラ
ミング教育にあたっての心構えや、プログラミングで実
現できることなどを紹介してきました。ではその後、お
子さまが中学生・高校生になったとき、どのようなこと
を考えていくべきでしょうか。本章では、現在の学習指
導要領やガイドなどから、中学生・高校生に適切なプロ
グラミング教育の準備や考え方について見ていきます。
最後に改めて保護者ができる準備や心構えをまとめ
ます。

6.1 中学校や高等学校では、どのようなプログラミング授業が実施される？

　小学校の教育課程では、プログラミング教育に「興味を持ってもらうこと」が優先されていましたが、中学校以降ではどのような目標が示されているのでしょうか。こちらも文部科学省の学習指導要領内で、プログラミングの学習について記載があります。

　中学校では、技術・家庭の授業において「技術を適切に評価し活用する能力と態度を育てる」といった目標のもと、「コンピュータの基礎」「プログラムによる計測・制御」などのカリキュラムを提示しています。高等学校では、情報の授業において「社会の情報化の進展に主体的に対応できる能力と態度を育てる」といった目標のもと、「情報の科学」として、「コンピュータと情報通信ネットワーク」「問題解決とコンピュータの活用」「情報の管理と問題解決」「情報技術の進展とモラル」を実施することになっています（出典：文部科学省学習指導要領（平成20年3月・平成21年3月）[注1]）。

　具体的な学習内容のガイドとして、文部科学省の「学校教育 - プログラミング教育実践ガイド[注2]」も公開されており、中学校、高等学校での実例として次の事例が紹介されています。

　　1. アニメーション制作でプログラミングの基礎学習（中学校2年生：技術・家庭科（技術分野））

注1) http://www.mext.go.jp/a_menu/shotou/new-cs/youryou/1356249.htm
注2) http://jouhouka.mext.go.jp/school/programming_zirei/

2. プログラミングを利用して LED を制御しよう（中学校 3 年生：技術・家庭科（技術分野））

3. 車型ロボを制御して課題コースをクリアしよう（中学校 3 年生：技術・家庭科（技術分野））

4. ペアで取り組む交差点の信号機プログラミング（中学校 3 年生：技術・家庭科（技術分野））

5. C 言語と電子工作・センシングの基礎学習（高等学校 2 年生： SSH 情報（学校設定科目））

6. タイマーオブジェクトによるオリジナルプログラム製作（高等学校 2 年生：情報）

7. 普通科高等学校での Web プログラミング（高等学校 2・3 年生：情報）

8. 基本的なアルゴリズムの学習（高等学校 3 年生：情報）

　以上の例から、中学校では簡単なプログラムによる機械制御が実施され、高等学校ではプログラミング言語を用いた基礎的な学習や、Web・アルゴリズムに関する教育が行われることがご理解いただけるでしょう。

　第 2 章で紹介した学習レベルの概要と照らし合わせてみると、中学校では「ロボット（実際にデバイスや機器を操作する）」、高等学校で「テキストコーディング（プログラミング言語を学ぶ）」を行うステップとなっています。小学校ではプログラミング的思考の基礎を学ぶ過程で、場合によってはビジュアルプログラミングなどを用いた、プログラミング教育を受けていますので、学習ステップとしては理にかなっていると言えそうです。

　とは言え小学校同様、各校の方針や専門科などにより、実施レベルは変わってくるものと思われます。実際、私の娘が通っていた学校は SSH[注3] に指定されていましたが、プログラミングは一切やっていませんでした。こういった事例もあります。

　また、中学校、高等学校の課程よりも先に、プログラミングを本格的に学習したいお子さまや、学校の授業内容だけでは物足りないと感じるお子さまもいらっしゃるでしょう。その場合、どういった学習方法があるのか、第 2 章よりももう少し具体的に紹介します。

6.2　中学生から始めるロボットプログラミング

　中学校では、「プログラムによる計測・制御」がプログラミングの対象になります。機械のセンサーから入ってきた情報を計測し、実際に機械を動かしたりすることが目的となるでしょう。

　このような「計測・制御」を行うために必要なものは、「ロボットプログラミング」です。例えば、機械とパソコンを接続して、パソコンでプログラミングを行い、接続された機械からの信号を計測したり、その機械を制御したりすることがポイントとなると思われます。

　ロボットプログラミングでよく利用されているのは、第 2 章でも紹介した「mBot[注4]」でしょう。この mBot は、STEM 分野の要素も含んでいます。

注3) SSH ＝スーパーサイエンスハイスクール（https://ssh.jst.go.jp/ssh/public/about.html）のこと。

注4) http://store.makeblock.com/jp

第6章　子どもが「プログラミングをやりたい」と言い出したら？——中学校・高等学校でのプログラミング教育

　STEMとは「Science（科学）」「Technology（技術）」「Engineering（工学）」「Mathematics（数学）」の教育分野を総称するものです。2000年代に米国で始まった教育モデルであり、将来、ITによる経済・社会生活基盤が作られていくにあたって、STEMを基礎とした科学技術の人材育成が重要と考えられています。一部の企業では、NPOと協力して、子どもたちへSTEM教育を行っているところもあります（参考記事：IT企業セールスフォース・ドットコムが取り組むSTEM教育支援——業界にとらわれない包括支援で格差をなくす[注5]）。mBotでは、実際に手を動かしてロボットを制御することで、力学・電子工学・制御システム・コンピュータサイエンスに関して、実践的な体験ができます。

　mBotの「STEM教育用ロボットキット[注6]」を購入すれば、ロボットを組み立てる道具も含めてすべてそろっています。しかも、Scratch[注7]をベースにした「mBlock」と呼ばれるビジュアルプログラミング言語で制御するため、これまでScratchを使ったことのある方は、簡単にロボットプログラミングを始めることができます。ただし、ロボット本体は、このキットのみを購入すれば準備できますが、制御するためのスマートフォン・タブレットもしくは、パソコンが別途必要になります。必要なスペックについてはmBotの公式サイト[注8]から「スペック」をご覧ください。

　また、本書の第4章、第5章でも紹介した「IchigoJam[注9]」であれば、テレビ画面とキーボードがあればIchigoJamの基板をすぐに動かすことができます。こちらはロボットではありませんが、中学校のカリキュラムの事例にもあったLEDの制御や、ロボットと組み合わせての制御などが可能です。

6.3　プログラミング言語による本格的なプログラム開発に必要なものは？

　高等学校課程になると、テキストコーディングによるプログラミング授業が始まります。繰り返しになりますが、「高等学校学習指導要領解説　情報編（平成22年1月）」にも、「指導に当たっては，コンピュータやソフトウェアの操作方法の習得やプログラミング言語の記法の習得などが主目的にならないように留意し，ソフトウェアや処理手順の自動実行の原理を科学的に理解し，これらを必要に応じて活用できる能力の育成と活用方法の習得に重点を置くことが必要である」とあります。

　テキストコーディングでのプログラミングを行うこと自体が目的とならないよう、高等学校の授業内容を適切に学習していく必要があります。その上で、お子さまの興味を尊重して、テキストコーディングを含む本格的なプログラミングを始める場合を考えてみます。

注5) https://edtechzine.jp/article/detail/415

注6) http://jp.makeblock.com/products/stemkit.html

注7) https://scratch.mit.edu/

注8) http://store.makeblock.com/jp/product/mbot-robot-kit

注9) https://ichigojam.net/

コンピュータの準備

　多くの高等学校では、ICT教室・パソコンルームなどの名称の教室で、コンピュータが利用できるようになっています。ただ、全国の高等学校における教育用コンピュータの普及状況は、コンピュータ1台あたり生徒4.8人となっており、いつでも自由に利用できる状況とは言い切れません（文部科学省 平成28年度学校における教育の情報化の実態等に関する調査結果[注10]より）。あくまでも平均値ですから、潤沢に準備されている学校とそうでもない学校との差もあるでしょう。

　テキストコーディングによるプログラミングとなれば、一般的にパソコンを使う場合が多いでしょう。では、お子さまが「授業以外でもプログラミングをやってみたい」と思った場合に準備するコンピュータは、どのようなものがよいのでしょうか。

　もし、工業高校や工業高等専門学校の情報科などにご入学された場合であれば、より専門的なプログラミング学習が科目として入ってきます。私の知る範囲では、学校から指定されたコンピュータを購入すれば、そちらを使ってプログラミングを行うことができるでしょう。そうでない場合でも、今時のパソコンにはそれなりのスペックが準備されていますので、高級なものではなく、中規模のスペックのものを購入いただければ、たいていのプログラミング学習において支障はないでしょう。

インターネットの準備

　パソコンを買えば、ほかに必要なものはないでしょうか。もし、まだご家庭にインターネットを接続されていないようであれば、インターネット回線の契約をおすすめします。インターネット上には、テキストコーディングを行うための学習の素材や、プログラミングを行う環境がたくさん公開されているからです。

　私が子どもの頃は、初心者向けのプログラミング言語である「BASIC」以外のプログラミング言語を使う場合、専用の高価なソフトウェアを購入する必要がありました。しかし今では、インターネット上にプログラミング言語を利用するためのソフトウェアの多くが無償で公開されています。そして、動画をはじめ、プログラミング学習者向けのコンテンツも、数多く無償で公開されています。また、有償のコンテンツを購入・定期契約することで、担当の講師が教えてくれたり、学習コンテンツの不明な部分について、問い合わせをしたりすることもできます。話は少し変わりますが、有償のものでは、オンライン学習以外にも、講師が対面形式で教えてくれるプログラミング教室なども増えてきました。

　また昔の話になってしまいますが、私がプログラミングを始めた30年くらい前は、今のようなインターネット環境はなく、書店で学習者向け書籍が数冊手に入れることができたかどうかでした。しかも、子どもにとってはとても難解な書籍でした。そのため、テキストコーディングに必要な命令語を1つ試してみては、その結果がどのようになるか確認することを繰り返していました。今では、インターネット上に多くの学習コンテンツと、それを支援してくれるプログラマーたちがいますから、そこまで必死に調べる必要は少なくなりました。そういった点で、インターネットを活用しない手はありません。

注10) http://www.mext.go.jp/a_menu/shotou/zyouhou/1287351.htm

とは言え、パソコン自体は安価な買い物ではありません。学校によっては、テキストコーディングをほとんど実施しない可能性もあります。将来的に、テキストコーディングによるプログラミングを子どもたち全員に学んでほしいと個人的には思いますが、すべての人がプログラミングできなければならないとも考えてはいません。できる限り、最小限の投資でプログラミングできる方法について、少し考えてみましょう。

6.4 まずはお金をかけすぎずに挑戦するプログラミング

「家に帰ってもテキストコーディングでプログラミングをやってみたい」とお子さまが言ったときに、いきなりパソコンを買い与えるには抵抗がある方もいらっしゃるでしょう。一時の好奇心だけですぐに飽きてしまい、購入したパソコンが無駄になってしまうのでは、といった懸念もあるかもしれません。

学校のコンピュータを活用する

そういった場合、先述のとおり、まずは学校のコンピュータを利用することができます。各学校の設備による部分はありますが、多くの高等学校でコンピュータの導入が進んでいます。すでにある環境を利用しない手はありません。授業時間はもとより、休憩時間、放課後なども利用できるのであれば、まずはそれを活用してみるのが望ましいでしょう。

また、部活動としてコンピュータ部などがあれば、そこへ参加することもよい学習になると考えています。部活動には、同じような学習意識を持った生徒たちが集いますので、新たな気づきを得られますし、お互いに切磋琢磨して能力を向上させることもできるでしょう。

安価なプログラミング用コンピュータなどを活用する

プログラミング専用のコンピュータも販売されていて、手軽にプログラミング学習に利用できるものがあります。1つは、第4章、第5章で紹介している "IchigoJam" です。この小型コンピュータは、第4章でも紹介したとおり、ほかにディスプレイとキーボードがあれば、すぐに始めることができます。ディスプレイも専用のものではなく、ご家庭のテレビに接続できる場合があります。ビデオ端子と呼ばれる黄色い端子に、コンポジットケーブルをつなげれば表示できます。

また、ゲーム機をすでに持っている人は、対応している専用のソフトウェアを購入することで、テキストコーディングが始められます。第2章でも紹介した「プチコン3号 SmileBASIC」では、Nintendo 3DS で BASIC プログラミング言語を実行することができます。さまざまなキャラクターを動かしたりすることで、ゲームを作ることができます。また、ほかにも Wii U 版の「プチコン BIG」もあり、Wii U をお持ちでしたら、こちらでも BASIC 言語で、プログラミングすることが可能です。詳しくはどちらも http://smilebasic.com/ を参照してください。

タブレットを活用する

　そのほかにも、パソコンより安価なデバイス（機器）でプログラミングを実現する方法として、タブレットコンピュータがあります。パソコンほど自由度が高いわけではありませんが、タブレット上でテキストコーディングできるアプリケーションが公開されています。

　もしタブレットでの入力に差し支えがあれば、専用のキーボードも千円程度から販売されていますので、これを利用することで、より入力が簡単にもなるでしょう。

「クラウド」で手軽にプログラミング環境を実現する

　また、これらのデバイスを使って、テキストコーディングを便利にするサービスもあります。例えば、「クラウド」を利用することを考えてみます。クラウドとは、インターネット上にあるコンピュータを一時的に借りて、手元のパソコンやスマートフォンから利用できるサービスの総称です。

　一部のクラウドのサービスでは、プログラミングに必要な環境そのものを提供しています。先ほど、「プログラミング言語を利用するためのソフトウェアの多くが無償で公開」されいると述べましたが、このクラウド環境を利用することで、パソコン・タブレット・スマートフォンさえあればテキストコーディングが可能です。学校や図書館などで借りられるパソコンでも、インターネットサービスがあれば、クラウド上の開発環境を利用することができます。

　クラウド上では、「Cloud9[注11]」というプログラミングに必要な環境が提供されています。インターネット環境があれば、無償で利用できます。このCloud9では、テキストコーディングを行うための機能を提供しています。実際に入力したプログラムを実行するためには、プログラムの実行のための環境が必要となり、それには別途料金がかかります。それでも、初期投資を十分に抑えて、プログラミングを始めることができます。

　お子さまが、どうしてもプログラミングを始めたいと言い出したとき、保護者の気持ちとしては、それに応えてあげたいと感じることでしょう。しかし、コンピュータやタブレット、インターネットへの接続を準備する必要がある場合、容易な出費ではないことも理解しています。ご自宅だけではなく、学校や図書館などでもできることはあります。お子さまの熱意が、継続してそれを超えてくるようなとき、本格的にコンピュータやインターネットの導入を、順番に進めていただく考えのきっかけになれば幸いです。

注11) https://aws.amazon.com/jp/cloud9/

第 **7** 章

「情報モラル教育」は
避けて通れない
——子どもたちとITの適切な関係性

阿部 崇

ここまで、プログラミング教育で行われるであろう内容
や、身近で動いているプログラムについて紹介してきま
したが、プログラミング教育を行うにあたって、避けて
は通れない大事な教育がもう1つあります。それは「情
報モラル教育」です。この言葉は、小中高などの学習指
導要領内で「情報社会で適正な活動を行うための基にな
る考え方と態度」と定義されています。最後の本章で
は、プログラミングを含めたIT教育に欠かせない、この
分野についてお話しします。

7.1 IT教育において避けては通れない、情報モラル教育

プログラミング教育を行う際だけでなく、いずれ子どもたちは、スマートフォンやパソコンを利用することになるでしょう。年齢によっては、すでに日常的に利用しているお子さまもいらっしゃるかもしれません。その際、インターネットを通じた詐欺や、SNSでの被害にあわないよう教育を進めていくことが重要です。文部科学省では、こういった教育のことを「情報モラル教育」と呼んでいます。

「情報モラル教育」は、いわば道徳的な教育で、明確な正解がある教育ではありません。これまでの道徳教育のように、日常生活における対面でのやり取りだけではなく、ネットワーク上でのコミュニケーションに関しても、どのように教育を行うのか考える必要が出てきました。

例えば、対面での会話においては、言葉そのものだけではなく、表情や身ぶり手ぶりなどの要素も含めて意思疎通を行っています。冗談や軽口も、その表情から相手の意図をうかがい知ることができますから、あまり問題にならないこともあったでしょう。

一方、ネットワーク上のコミュニケーションの場合、言葉だけでの意思疎通を行うことが基本になりますから、その言葉の裏側にある意図が正確にわからない場合もあります。絵文字や顔文字を付け加えたとしても、その真意が伝わらないこともあります。また、投稿された内容から、特定の部分だけを切り取られて拡散され、全く別の意味として理解されてしまうこともあります。

このようなネットワーク上でのコミュニケーションの性質を理解した上で、安全に、安心して利用するための教育が必要なのです。

7.2 道徳的な教育には、家族の関係性が重要

正解のあるほかの教科と比べて、道徳教育はどのように行うのが望ましいでしょうか。私は、保護者と子どもが一緒になって考えることが重要と考えています。

参考として、私の家のケースを紹介します。妻と私は、日頃から家族での対話を大事にしています。例えば、朝や夜の食事は、家族みんなで一緒に取るようにしています。普段から会話・対話をしておかないと、いざというときに子どもたちと話をすることができなかったり、信用されなかったりする場合があります。情報モラル教育とは関係ないように思えるかもしれませんが、教育の前提として親子での対話は必要不可欠と考えています。ですから、食事の時間やイベントなど、できる限り家族が一緒に行動し、対話できる環境を普段から準備しています。

また、普段の生活では、次の3つを重要なポイントとして、子どもたちへの教育を心がけています。

1. 挨拶
2. 感謝
3. 謝罪

いずれも、話のきっかけとなることです。人と会話を始める際には、まず挨拶が必要ですね。もし相手によくしてもらったり、代わりに何かをしてもらったりしたら、感謝の言葉を伝えてから会話が始まります。また、誤って相手に悪いことをしてしまった場合には、まず謝罪をしてから、会話を始めることになります。

以上のとおり、会話のきっかけとなるこの3つについて、子どもたちがいつでも誰とでも会話ができるように、普段から教育を行っています。そして、これらは私が子どもたちと話を始めるきっかけでもあります。まず、挨拶、感謝、謝罪がきちんとできるようになって、ようやく会話につながると、私の家では考えています。

7.3 子どもたちがITを利用するにあたって、想定されるトラブルは？

子どもたちがスマートフォンやパソコンを使い始めると、どのようなことが起きる可能性があるのでしょうか。

例えば、何も制限しない状態や、いくらでもダウンロードできる状態のままで渡してしまうと、いろいろなアプリやゲームをダウンロードし始める可能性が高いでしょう。目の前に多くのゲームがある状況では、好奇心の旺盛な子どもたちがそれを自制することは難しいと思われます。電車の中でも、多くのサラリーマンがスマートフォンでゲームをしている姿を見たことがあります。時間つぶしとは言え、いつでもゲームを始められる環境が目の前にあれば、ついついゲームを続けてしまう。ついついSNSで友だちとずっと話し続けてしまうでしょう。「これが面白いよ」と言われて動画を見ているうちに、ついつい見続けてしまう可能性もあります。

そして、気づかないうちに悪質なサイトへアクセスしていて、知らない送り主から、不正請求の案内が届いてしまうケースも少なくありません。その通知が不正請求だとわからない場合、学校や保護者、友だちに知られたくないために、自分のお小遣いから支払いをしてしまったり、保護者のお金を盗んでまで支払ってしまったりといった被害を受けるかもしれません。

では、お子さまたちがスマートフォンやパソコンを使うにあたって、どのような課題があり、どのように対策をしていく必要があるのでしょうか。

文部科学省の委託を受けて株式会社情報通信総合研究所がまとめた「情報化社会の新たな問題を考えるための教材〜指導の手引〜[注1]」では、以下の4つの課題を示しています。

1. ネット依存
2. ネット被害
3. SNS等のトラブル
4. 適切なコミュニケーション

ネット上のゲームや、SNSをはじめとするコミュニケーションには、利用者がいつでもどこでも参加することができます。インターネット上には常に誰か利用者がいて、いつでもゲームを一

注1) http://jouhouka.mext.go.jp/school/information_moral_manual/

緒にできたり、SNSでは新しい情報が追加されたりします。現実社会よりも頻繁に新しいことや楽しいことが発生するインターネットに、深くのめり込んでしまうことがあります。

また、リアルな世界ですと、危険な場所へ小学生が近づくことは容易ではありません。人の目もありますし、危険な場所が子どもの行ける範囲にあって、そこへの行き方を知らないと、行くことはできません。一方ネットの世界では、行き先・行き方を知らなくとも、検索をすればすぐにその場所は出てきますし、クリック1つでアダルトサイトや危険なサイトにアクセスすることができてしまいます。こういった場所では、ネット詐欺やコンピュータウイルスによる個人情報の漏えいなど、ネット被害が待ち受けていることが少なくありません。

そして、多くのネット利用者たちが、何らかのSNSを利用しています。人と人とがコミュニケーションを行う上では、現実社会同様、付き合い方・マナーが存在します。匿名であることで、誹謗中傷を繰り返したり、脅迫まがいのことをしたりする悪い利用者もいます。また、仲のよい友人同士でも、ネット上でのコミュニケーションがうまくいかず、いじめにつながるケースもあります。

こういった課題に対して、文部科学省のみならず、総務省やNPO・NGOなど多くの団体が、どのように対処していくべきかを示した教材を提供しています。ただ、さまざまな教材が、多くのところから出ているため、何をどのように子どもたちに伝えていけばよいか、保護者が子どもたちを守るために何をすべきかがわかりにくい事情があります。

そこで、これまで私たち夫婦が、娘たち4人に向けてどのような教育を行ってきたかを紹介します。保護者の方々の情報モラル教育の一助になればと思います。

7.4 ネット被害・ネット詐欺など、悪質な犯罪から身を守るためには

インターネットを利用することで、ネット詐欺・不正請求やコンピュータウイルスへの感染などの被害が発生する可能性があります。また、出会い系などのサイトで犯罪者と知り合ってしまい、誘拐や性被害にあうケースもあります。こういったネット被害から身を守るためには、適切な利用方法を学び、正しく実行していく必要があります。

まず、以下のような悪質なコンテンツへのアクセスを制限できることが望ましいでしょう。これは、そのコンテンツの内容自体が教育上に悪いか否かということを論じるためではなく、このようなコンテンツをきっかけにして、ネット犯罪が発生しやすいと考えられているためです。

1. アダルトマテリアル
2. 犯罪・暴力
3. 自殺・家出
4. 不正IT技術
5. コミュニケーション（出会い、SNSなど）
6. ギャンブル
7. 主張（誹謗・中傷、いたずら など）

※以上、i-FILTER のカテゴリー[注2]より抜粋。

　アダルトサイトでは、写真や動画を閲覧することで、不正に高額な金銭が請求されるようになっていたり、悪質な不正請求のサイトへのリンクを貼っていたりする場合があります。アダルトサイトですと、自分がそのサイトへアクセスしてしまったことを保護者や先生へなかなか話すことができず、子どもだけでなんとかしようとしてさらに深みにはまってしまうケースも少なくありません。子どもがアダルトサイトへアクセスしようとしてたどり着くケースだけではなく、犯罪助長・出会い系・ギャンブル関連などのサイトからリンクされている場合も多くあります。

　自殺・家出サイトや出会い系では、犯罪者からの口車に乗せられて誘拐されたり、殺されてしまったりするケースさえあります。実際にニュースになったものもありますので、ご存じの方も多いのではないでしょうか。

　まず、こういったサイトにアクセスしてしまうような精神的に不安定な状態を作り出さないことも重要ですが、そもそもアクセスできないよう制限していれば、ネットでの被害にはあいにくいと考えられます。また、検索結果や普通のサイトからも誤ってリンクされているケースがあります。ですから、そのようなミスによってアクセスしてしまうことのないように、アクセス制限を行うことが重要と言えるでしょう。

　では、実際にアクセス制限を行うためには、どのような対策を実施すべきでしょうか。特定のWebサイトへのアクセス制限を行うことを「Webフィルタリング」や「フィルタリング」と呼んでいます。一般財団法人インターネット協会[注3]では、専用サイト「フィルタリング、知っていますか?[注4]」で、フィルタリングとは何か解説した動画を公開しています。セミナーなども実施されていて、実施スケジュールも公開されています。また、実際にフィルタリングを行うためのアプリケーションについても情報がまとまっているので、より具体的な内容についてはそちらをご確認ください。

　とは言え、このアクセス制限も万能ではなく、それでも悪質なコンテンツにアクセスしてしまうことがあります。私の娘も、一度ネット詐欺のサイトへアクセスしてしまい、不正請求を要求されたことがあります。私の家では、子どもたちへどのようなメールが来ているかがわかるようになっています。そのため、不正請求の要求メールが来たことを妻が発見し、このときは対処することができました。このように、アクセス制限は万能ではありません。普段からの情報モラル教育や、アクセス制限以外の利用制限なども組み合わせて対処しておくことが必要です。

　例えば、スマートフォンやタブレット、パソコンには、「ペアレンタルコントロール」という機能が備わっています。特定のアプリケーションしか利用できないように設定したり、アプリやゲームのインストール制限を行ったりすることができます。

　また、情報モラル教育には、IPA 独立行政法人 情報処理推進機構[注5]の提供する情報セキュリティ普及啓発映像コンテンツ[注6]などもおすすめです。お子さま向けの動画も公開していて、一か

注2) http://www.daj.jp/bs/i-filter/function/filtering/category/

注3) http://www.iajapan.org/

注4) http://www.iajapan.org/filtering/

注5) https://www.ipa.go.jp/

注6) https://www.youtube.com/playlist?list=PLF9FCB56776EBCABB

らネット被害対策を学ぶにはうってつけの教材です。大人向けのコンテンツも充実しています
し、お子さまと一緒に動画を見ていただき、意見交換されると、より理解が深まるでしょう。

7.5　SNS と上手に付き合っていくには

ネットには、次の5つの特性があることを理解して、上手に付き合いましょう。

1. 公開性
2. 記録性
3. 信憑性
4. 公共性
5. 流出性

※以上、文部科学省「情報化社会の新たな問題を考えるための児童生徒向けの教材、教員向けの
手引書[注7]」より引用。

ネットに情報を発信した瞬間、その情報はすべて公開されると考えてください。それも、全世
界へ広く公開されています。友だち同士だけのやり取りだと思い、SNS などで秘密の情報や、不
適切な写真などを公開してしまうと、実は全世界へ公開されているといったこともあります。

そして、公開された情報をなくすことはできず、どこかに記録されたままになる場合がありま
す。不適切な情報を発信してしまったものが、時間がたってもネット上に記録され、過去にさか
のぼって、どのような情報だったのか、他者から知られてしまう可能性があります。場合によっ
ては、それが入学や就職へ悪影響を及ぼさないとも限りません。

とは言え、それらの情報すべてに信憑性があるとも言いがたいものです。誰でも、好きに情報
を発信できるため、本当に信頼できるのかどうか、不明な情報も多いでしょう。間違った情報を
信じてしまい、だまされてしまうこともあります。

インターネットの特性として、発信だけではなく受信にもコストが発生します。また、情報を
発信、つまりデータを送信することで、その分インターネット上の資源を使っています。多少の
会話であれば、もちろん影響はほとんどありません。ですが、大量の情報を大量の人へ送信する
と、受け取る人にも通信料金が発生しますし、インターネットの資源も膨大に使うことになり、
全く関係のない利用者に影響が出る場合もあります。

また、インターネットに接続する際は、常に情報流出の危険があります。自分から誤って発信
した情報が公開され、流出していくケースもありますが、悪質なサイトへアクセスしただけで個
人情報が流出していく場合もあります。

以上のとおり、発信する情報には気をつける必要がありますので、私の家では、特に次の情報
を発信することのないよう言いつけています。子どもが情報を発信して問題になるのは、誘拐や
いたずら目的に利用されるケースです。

注7) http://jouhouka.mext.go.jp/school/information_moral_manual/

1. 個人・家族の情報を書き込まない
    a. 氏名
    b. 住所
    c. 自撮り写真
    d. 家族の情報
    e. メールアドレスや電話番号などの連絡先
2. 個人や家族の、将来および現時点の情報を公開しない
    a. 1日の詳細の行動計画
    b. 現時点の場所（GPS）を含む情報

　過去の旅行や活動の情報自体は悪用されにくいと思われますが、毎年特定の時期に同じ場所へ旅行している情報などは、空き巣などに狙われやすい情報になりますので、配慮しておくことが望ましいでしょう。

　以上、私が家庭で行っている情報モラル教育の概要をお話ししてきました。あまり気をつけすぎると情報の発信をためらってしまうことにもなりかねませんが、「発信した情報は公開され続ける」ことを頭に置きながら、楽しく利用していただきたいと考えています。

おわりに

　本書のもとになった連載では、2020年からプログラミング教育が始まるにあたり、正しい情報を把握していただく「きっかけ」として、記事を書いてきました。

　文部科学省の進めている「プログラミング教育」とは、テキストコーディングを学んでいくことではなく、「プログラミング的思考などを育むこと」が目的であることをご理解いただけたかと思います。

　その上で、「プログラミング的思考」を育むために、保護者としては何をすべきかを考える必要があります。具体的には、子ども自身に興味・関心を持たせて、自主的に学習を進められるようにすることが重要だと紹介しました。これはプログラミングに限らず、すべての教科で言えることと思いますが、実現するのは一筋縄ではいかないと感じています。お子さまの興味も考えることも千差万別、十人十色でしょうから、「こうすればうまくいく」といった正解はありません。個人的には、日頃から子どもとの対話を欠かさず、よく話し合うことが重要ではないかと感じています。

　そして、子どもたちが実際に興味を抱き、次のステップへ踏み出そうとしたとき、「プログラムとは何だろう」といった疑問がわいてくるかと思います。そこで、身近にある家電などを取り上げ、プログラムがどのように動作しているのか、原理を簡単に紹介しました。そして、プログラムというのは身近にある家電やゲームだけではなく、スマートシティなどの都市全体を効率よく便利にするために利用されるなど、大規模なところにも活用されていることをご理解いただけたと思います。

　また実際に、お子さまがスマートフォンやパソコンを利用し始めると、ネット依存やネット被害、SNSの問題など、使うにあたっての課題があります。ゲームに熱中しすぎて、ほかのことを一切しなくなったり、見知らぬところから不正請求が来てお金を支払ってしまったり。このような問題や被害を起こさないようにするためには、アクセス制限の設定が重要です。そして道徳的課題には、ご家族で対話していただき、子どもたちがどのようにネットを利用していくべきか、一緒に考えることが必要不可欠です。記事内で紹介した学習用コンテンツや動画をご家族で参考にしていただき、課題へ取り組んでいただければ幸いです。

　最後に、小学校での学習を終えた後や、実際にテキストコーディングによるプログラミング学習をしてみたい、とお子さまが望んだ場合、どういった学習方法や学習機材が必要になるのか紹介しました。具体的には、タブレットやパソコンを使って、プログラムを入力するアプリケーションと、そのプログラムを実行するための環境が必要であることを説明しました。今では、多くのプログラミング学習コンテンツがインターネット上に無償で公開され、動画でも配信されています。本屋へ行けば、多くの学習用書籍が販売されていて、これからプログラミングを行うには教材に事欠かない時代になりました。

　中学校、高等学校では、より専門的なプログラミング学習が始まります。ですが、小学校のときと同様、テキストコーディングによるプログラミング自体がその目的ではなく、社会の課題や問題に対して、どのように論理的に解決していくか、その考え方、方法・手段としてプログラミングを学んでいきます。

　プログラミングはとても楽しいもので、私も何十年もプログラミングを行っています。趣味で続けていく分には、ただ自分の好きなものを作ってみたり、試してみたりしてプログラミングし

ていればよいでしょう。ですが社会においては、プログラミング的な思考で論理的に課題を解決するための方法を模索したり、実際にプログラミングを利用して問題を解決したりします。

　ですから、プログラミングを行うこと自体だけではなく、その先にある「問題の解決にどのようにプログラミングを利用することができるか」。これを子どもたちに正しく学んでほしいと考えています。

　日本に限った話ではなく、世界でもプログラミング教育が始まりつつあります。もちろん、すでにプログラミング教育を行っている国もあります。そして、世界では多くのプログラマーが、社会の、世界の問題を解決するために活躍しています。日本からも多くのプログラマーが、日本そして世界の問題を解決するために活躍できる未来になるとよいなと考えています。本書を通じて、保護者の皆さんに少しでも「プログラミング教育とは何か」「プログラミングとはどのようなものか」をご理解いただけたのであれば幸いです。

阿部　崇

参考文献

- 利根川裕太・佐藤智（2017）『先生のための小学校プログラミング教育がよくわかる本』一般社団法人みんなのコード監修，翔泳社
- 奈須正裕（2017）『平成29年度小学校新学習指導要領ポイント総整理 総則』東洋館出版社
- 松田孝・吉田潤子・原田康徳・久木田寛直・赤石先生・利根川裕太・國領二郎・デビドソン，サムエル・ほか（2017）『小学校の「プログラミング授業」実況中継 ［教科別］2020年から必修のプログラミング教育はこうなる』技術評論社
- 日経パソコン（2017）『小中学生からはじめるプログラミングの本』日経BP
- 産業技術総合研究所（2013）『社会まるごとスマートシステム』カナリア書房
- 波形克彦・小林勇治（2016）『地方創生とエネルギーミックス』同友館
- 久木田寛直（2017）『Makeblock公式 mBotで楽しむ レッツ！ロボットプログラミング』富士通エフ・オー・エム FOM出版
- 石井モルナ（2017）『ロボットを動かそう！mBotでおもしろプログラミング』（MAKO.イラスト）リックテレコム

著者プロフィール

阿部 崇（アベ タカシ）（第1章～第3章・第6章・第7章執筆）

　外資系IT企業で、コンピュータシステムのアーキテクチャをデザインする仕事に従事。2017年度より区立中学校のPTA会長に就任。教育委員会や教師の方々と接する機会も多く、これまでの経験を活かして、プログラミング教育を広げていく活動を進めている。

平 初（タイラ ハジメ）（第4章・第5章執筆）

　北海道滝川市出身。プログラミングを始めたのは中学生の頃、そして高校生の頃にインターネットと出会い、インターネットが世界を変えると確信してIT業界で働くことを決意した。最近はロボット工作、プログラミング教育に興味がある。

　国内企業のSE（システムエンジニア）、外資系コンピュータメーカーを経て、レッドハット株式会社にてシニアソリューションアーキテクトとして活躍中。『100人のプロが選んだソフトウェア開発の名著』選者。

　著書：『できるPRO Red Hat Enterprise Linux 7（できるPROシリーズ）』（インプレス刊、共著）、『KVM徹底入門』『Ansible徹底入門』（いずれも翔泳社刊、共著）

子どもに読んで伝えたい！ おうちではじめるプログラミングの授業

2018年3月15日　　初版第1刷発行（オンデマンド印刷版Ver. 1.0）

著　者　　阿部 崇（あべ たかし）、平 初（たいら はじめ）
発行人　　佐々木 幹夫
発行所　　株式会社 翔泳社（http://www.shoeisha.co.jp/）
印刷・製本　　大日本印刷株式会社

©2018 Takashi Abe, Hajime Taira

- 本書は著作権法上の保護を受けています。本書の一部または全部について(ソフトウェアおよびプログラムを含む)、株式会社翔泳社から文書による許諾を得ずに、いかなる方法においても無断で複写、複製することは禁じられています。
- 本書へのお問い合わせについては、2ページに記載の内容をお読みください。
- 落丁・乱丁本はお取り替えいたします。03-5362-3705までご連絡ください。

ISBN 978-4-7981-5683-5　　　　　　　　　　　　　　　　Printed in Japan

制作協力 株式会社トップスタジオ（http://www.topstudio.co.jp/）　+Vivliostyle Formatter